“十二五”职业教育国家规划教材

★ 中等职业学校物业管理专业教材 ★

物业管理法规应用

主编 陶 威

北京出版社
山东科学技术出版社

图书在版编目（CIP）数据

物业管理法规应用 / 陶威主编 . -- 济南：山东科学技术出版社，2016.6（2024.1 重印）
ISBN 978-7-5331-8217-5

Ⅰ . ①物… Ⅱ . ①陶… Ⅲ . ①物业管理—法规—中国—中等专业学校—教材 Ⅳ . ① D922.181

中国版本图书馆 CIP 数据核字 (2016) 第 091935 号

物业管理法规应用
WUYE GUANLI FAGUI YINGYONG

责任编辑：赵　旭　梁天宏
装帧设计：李玉颖

主管单位：山东出版传媒股份有限公司
出 版 者：山东科学技术出版社
地址：济南市市中区舜耕路 517 号
邮编：250003　电话：（0531）82098088
网址：www.lkj.com.cn
电子邮件：sdkj@sdcbcm.com
发 行 者：山东科学技术出版社
地址：济南市市中区舜耕路 517 号
邮编：250003　电话：（0531）82098067
印 刷 者：山东新华印务有限公司
地址：济南市高新区世纪大道 2366 号
邮编：250104　电话：（0531）82079130

规格： 16 开（184 mm × 260 mm）
印张： 9
版次： 2016 年 8 月第 1 版　**印次：** 2024 年 1 月第 3 次印刷
定价： 22.80 元

编写说明

加强职业教育教材建设是提高人才培养质量的关键环节，是推进教育教学改革，提高教育教学质量，促进中职教育发展的基础性工程。如何培养满足企业需求的人才，是职业教育面临的一个突出而又紧迫的问题。目前，中职教材普遍存在理论偏重、偏难、操作与实际脱节等弊端，突出的是以“知识为本位”而不是以“能力为本位”的理念，与就业市场对中职毕业生的要求相左。

为进一步贯彻落实全国教育工作会议精神、《国务院关于加快发展现代职业教育的决定》（国发〔2014〕19号）、《现代职业教育体系建设规划（2014—2020年）》（教发〔2014〕6号），北京出版社联合山东科学技术出版社结合物业管理专业各中职学校发展现状及企业对人才的需求，在市场调研和专家论证的基础上，打造了反映产业和科技发展水平、符合职业教育规律和技能人才培养的专业教材。

本套专业教材以教育部最新公布的《中等职业学校物业管理专业教学标准（试行）》为指导思想，以中职学生实际情况为根据，以中职学校办学特色为导向，与具体的专业紧密结合，按照“基于工作流程构建课程体系”的建设思路（单元任务教学）编写，根据物业管理行业的总体发展趋势和企业对高素质技能型人才的要求，构建了与物业管理专业相配套的内容体系，涵盖了专业核心课和部分专业（技能）方向课程。

本套教材在编写过程中着力体现了模块教学理念和特色，即以素质为核心、以能力为本位，重在知识和技能的实际灵活应用；彻底改变传统教材以知识为中心、重在传授知识的教育观念。为了完成这一宏伟而又艰巨的任务，我们成立了教材编审委员会，委员会的成员由具有多年职业教育理论研究和实践经验的高校教师、中职教师和行业企业一线专业人士担任。从选题到选材，从内容到体例，都从职业化人才培养目标出发，制定了统一的规范和要求，为本套教材的编写奠定了坚实的基础。

本套教材的特点具体如下：

一、教学目标

在教材编写过程中明确提出以“工学结合，理实一体”为编写宗旨，以培养知识与技能为目标，避免就理论谈理论、就技能教技能，做到有的放矢。打破传统的知识体系，将理论知识和实际操作合二为一，理论与实践一体化，体现“学中做”和“做中学”。让学生在做中学习，在做中发现规律，获取知识。

二、教学内容

一方面，采用最新颁布的规范、标准，合理选取内容；另一方面，结合新知识、新工艺、新材料、新设备的现实发展要求增删、更新教学内容，重视基础内容与专业知识的衔接。通过学习，学生能更有效地构建自己的知识体系，更有利于知识的正迁移。让学生知道“做什么”“怎么做”“为什么”，使学生明白教学的目的，并为之而努力，切实提高学生的思维能力、学习能力和创造能力。

三、教学方法

教材教法是一个整体，在教材中设计以“单元—任务”的方式，通过案例载体来展开，以任务的形式进行项目落实等教学内容，每个任务以“完整”的形式体现，即完成一个任务后，学生可以完全掌握相关技能，以提升学生的成就感和兴趣。体现以学生为主体的教学方法，做到形式新颖。通过“教、学、做”一体化，按教学模块的教学过程，由简单到复杂开展教学，实现课程的教学创新。

四、编排形式

教材配图详细、图解丰富、图文并茂，引入的实际案例和设计的教学活动具有代表性，既便于老师教学，又便于学生学习；同时，教材配套有相关案例、素材、配套练习答案光盘以及先进的多媒体课件，强化感性认识，强调直观教学，做到生动活泼。

五、编写体例

每个单元都是以任务驱动、项目引领的模块为基本结构。教材栏目包括任务概述、任务目标、学习内容、案例描述、案例分析、拓展提高、思考练习、单元要点归纳等。其中，学习内容是教材中每一个单元教学任务的主体，充分体现“做中学”的重要性，以具有代表性、普适性的案例为载体进行展开，紧密结合岗位实际，突出了对学生职业素质和能力的培养。

六、专家引领，双师型作者队伍

本系列教材由北京出版社和山东科学技术出版社共同组织具有教学经验及教材编写经验的“双师型”教师编写，参加编写的学校有山东城市建设职业学院、潍坊工商职业学院、济南物业管理职业中等专业学校、青岛城市管理职业学校、仙桃市理工中等专业学校、中山火炬开发区理工学校、江西省电子信息工程学校，并聘请山东省教育科学研究院邹本杰担任教材主审，感谢上海绿地服务有限公司、山东鲁班物业管理有限公司给予技术上的大力支持。

本系列教材，各书既可独立成册，又相互关联，具有很强的专业性。它既是物业管理专业组织教学的强有力工具，也是引导物业管理专业的学习者走向成功的良师益友。

前　言

改革开放以来，伴随着我国经济发展水平的逐步提升，以功能齐全、现代化程度高为特征的居民小区、办公区、商贸区等各类新型建筑区域迅猛发展。要使这种规模化、系统化、现代化程度较高的建筑区域有序和谐运转，必须配以专业服务机构提供相应保障。在此背景下，被人们形象地誉为“社区保姆”的物业服务公司应运而生。为此，为了规范物业管理活动，维护业主和物业服务企业的合法权益，改善人民群众的生活和工作环境，国务院及各相关部委相继出台了《物业管理条例》《业主大会和业主委员会指导规则》等法律法规。

本教材是基于现代物业对中等专职管理人才的特别需求，在仍缺乏课程标准的背景下，依据专业标准而组织编写的一门教科书，以供“中职”相应专业的广大师生使用。

本教材坚持以“工学结合，理实一体”为编写宗旨，着力体现以“理实一体、工作过程”为导向的思想要求，切实贯彻“学中做和做中学”的方法理念，兼顾教材内容与职业标准，紧扣未来学生实际工作需要，全面展现知识技能岗位化、岗位问题化、问题教学化、教学任务化、任务行业标准化，以增强教材的实用性。以单元—任务的方式，通过案例载体来展开，以任务的形式进行项目落实，并在每一单元的最后部分辅以“任务拓展”“思考练习”“单元小结”等栏目来完善和巩固知识。

本教材图文并茂，体例活泼，逻辑性、实用性强；案例通俗易懂，贴近中职生的心理特点，方便教师实施教学。同时，为方便学生对知识的系统性掌握，在编写逻辑上采用了：涉及同一事项的条款，按照“权利—义务—责任”的路径放在同一“学习任务”中进行集中编写的方法。

为完成本教材的编写任务，全体编委同仁同心协力，查找参阅了大量相关书籍，多次一起研讨所遇问题，请教了多位一线员工和专家，待形成一致意见和思路之后，大家才对各自所承担的任务展开编写，从而保证了教材关键环节和格调的统一性。编委中有从教多年的一线教师，也有长期在企业工作的业务精英；既有毕业于北大的高才生，也有多年从事本法规教学和实务的专家。他们分别是来自山东城市建设职业学院的陶威、张玲、宋玲、孙峰、娄淑娟、徐纪平、任鹏，济南城建集团的车冉，潍坊市经济学校的王萍等。

教材编写过程中，山东城市建设职业学院的花景新教授、崔建新律师给予了大力帮助，在此一并表示感谢！

由于编者的学术水平有限，加上时间仓促，书中难免存在不当之处，敬请读者批评指正，以便今后再版时修正。

编　者

目 录

CONTENTS

第一单元 《物业管理条例》总则

单元概述

本单元主要就《物业管理条例》(下文简称《条例》)第一章总则的内容进行重点学习，同时对与此相关的其他法律法规做综合引述。从内容来看，本单元多为概括性较强的法理知识，对今后的职业实践活动具有深刻而全面的指导意义。因此，扎实学好本单元的相关内容，不仅能为接下来的学习和掌握物业管理中的其他法律法规知识打下良好的法理基础，更是当下一个物业管理从业者时刻必备的理念素养。

本单元结构共分五层，分别为立法宗旨、物业管理的定义、物业服务企业的设立及其法律地位、选择物业服务企业的方式、物业管理发展的途径、物业管理的监管机关及其违法责任等。

单元目标

- 通过学习，能基本记忆、理解和掌握《条例》第一条至第五条所涉及的基础知识
- 能够运用本单元的基础知识正确解释或评价物业管理过程中的常见现象

学习任务1 《条例》的宗旨

任务概述

作为未来的物业管理从业者，全面正确理解《条例》及相关物业管理法律、法规的立法宗旨，熟知物业管理有关概念的内涵，是应该具备的基本功，必须端正心态认真学习领会，力争做到理解、熟记并内化于心、外践于行。所以，应首先树立"为业主服务"的法治理念，懂得制定《条例》及相关法律法规的目的不仅是为了调节物业管理活动中各相关法律关系主体的权利和义务，更是为了通过规范物业管理活动，最终实现"改善人民群众的生活和工作环境"。

任务目标

- 能够正确理解和掌握《条例》及相关法规的立法宗旨，牢固树立"宗旨"意识，全面认知"物业管理"的内涵，以便在未来职业实践中有一个行动指针
- 能够在与一线职工或业主的交流、职业培训中，恰当运用"宗旨"和"物业管理"的基本常识进行实际工作指导

学习内容

一、树立宗旨意识，增强服务观念

1. 为何要树立宗旨意识

（1）《条例》的立法宗旨。《条例》第一条明确规定："为了规范物业管理活动，维护业主和物业服务企业的合法权益，改善人民群众的生活和工作环境，制定本条例。"

（2）树立宗旨意识的意义。《条例》宗旨是从业者在运用该法律、法规的时候，应当时刻牢记的总要求和总目标。它是指导从业者做好物业管理工作的行动指针，否则极有可能在业主与物业公司之间引起诸多不应有的矛盾和纠纷，从而无法实现彼此的利益诉求，更不利于改善业主的生活和工作环境。所以，只有从业者树立起宗旨意识，才会将宗旨的要求化为工作中的自觉行动，从而促进个人的业务提升和企业良好形象的形成。

2. 物业的概念及法律属性

（1）物业的概念。"物业"一词是由中国香港传入大陆并逐渐流传，以至现在被普遍接受的一个专有名词。具体地说，是指已建成并投入使用的各类房屋建筑及附属设施设备

和相关场地。物业可以是一个完整的住宅小区，也可以是其中的一栋楼宇、一个单元。物业可以包含各种建筑物，如住宅、商业大厦、酒店、宾馆、工业厂房等。近年来，随着物业管理业务领域的拓展，物业的概念有时被延伸至一定的空间场所，如公园、码头等。2003 年 9 月 1 日生效的《条例》没有专门给出“物业”的概念，但从《条例》对“物业”一词的具体运用来看，“物业”应指已经建成并投入使用的房屋及配套设施设备和相关场地。大致包括以下几个部分：

①建筑物本体。它是指已经建成并投入使用的各类建筑物，如住宅、商场、厂房、写字楼等。

②配套设施设备。它包括建筑物的附属设施和公共设施。建筑物的附属设施是指保证建筑物各项使用功能的设施，如供水、排水、燃气、消防设施等。公共设施是市政设施的一部分，如物业管理区域内的道路、绿地、停车场、照明路灯、排水管道等。

③相关场地。它是指建筑物本体及配套设施所占用的土地。

(2)物业的法律属性。“物业”并不是法律意义上的概念，法律上的“物”包括动产和不动产。物权作为一个法律范畴，指权利人直接支配特定的物的权利，包括所有权、用益物权和担保物权。建筑物的“物权”就是建筑物的所有权，土地的使用权、收益权和处分权，是多种权利的集合体，是一个完整的权利体系。物业所有人有权将物业转让、出租、抵押等。

3.增强服务业主的观念

(1)业主的定义。结合《条例》第六条和《物权法》的有关规定，业主是指房屋所有权人或该房屋所处的建筑区划内的建筑物区分所有权人。所以，在物业管理活动中，业主有时是指所有权人个体，有时是一个集体的概念。

(2)物业公司及其主要职能。物业公司是指依法设立、具有独立法人资格，从事物业管理服务活动的企业，其资质分为一、二、三级。根据《物权法》的有关规定，2007 年对《条例》进行修订时，将“物业管理企业”修改为“物业服务企业”，将“业主公约”修改为“管理规约”，将“业主临时公约”修改为“临时管理规约”。从而明确了物业公司的定位——为业主服务，也进一步明确了物业公司与业主之间的关系。

案例分析

概述：上海陆家嘴物业管理有限公司坚持“陆家嘴物业让您更满意，100％业户第一”的服务理念，将“使人民群众满意、使人民群众高兴、使人民群众放心”作为一切工作的出发点和归宿点。然而，他们在上海负责管理的一些物业所在的区域，由于地理条件所限，居民常年有在户外朝阳的窗口处搭建“球门架”以便“晒霉”的习俗，抬头望去有失雅观；并且依据有关规定，创建物业管理达标创优的楼盘，外墙立面是不准擅自搭建这类设施的。面对这一难题，公司认为：居民晾晒衣物是生活所需，不能强行制止，而遵循法规要求也是物业服务企业的责任，两者必须兼顾。于是他们先运用有效的公关手段，逐一与业户进行“推心置腹”的沟通和交流，以赢得理解；之后他们在小区光照充足的地方集中建造了统一漂亮的晒衣架，居民要晾晒衣被，只要通知管理处，他们就会立即派专人上门收取，待晒干后包装好送到居民家中。这一举措通过一段时间的实践，受到了业户的高度赞扬。如图1—1所示。

分析：对“球门架”难题的恰当解决，充分说明了上海陆家嘴物业管理有限公司不仅在理念上正确诠释了《条例》的宗旨，而且在行动上全面践行了“为业主服务”的内在要求，尤其是实实在在的贴心服务，更是极大提升了企业的形象和业绩。至2008年，该企业已成为物业总面积超2 000万平方米的明星企业，并在成立的早期就被评为国家首批物业管理资质一级企业。

图1—1　物业服务贵在用心

二、正确把握物业管理的内涵，破除狭隘陈旧的观念

1. 物业管理的定义和内涵

(1)物业管理的定义。根据《条例》第二条的规定，物业管理是指业主通过选聘物业服务企业，由业主和物业服务企业按照物业服务合同的约定，对房屋及配套的设施设备和相关场地进行维修、养护、管理，维护物业管理区域内的环境卫生和相关秩序的活动。

(2)物业管理的内涵。物业管理的内涵包括三个方面：①物业管理的管理对象是物业；②物业管理的服务对象是业主和使用人；③物业管理的基本性质和特点是经营。

2. 物业管理的特征及物业管理法律关系

(1)特征

第一，物业管理是一种社会化的管理模式。物业管理将分散的社会分工汇集起来，由一个物业管理组织统一实施，每位业主只需物业服务企业一家，就能将所有关于房屋和居住(工作)环境的日常事宜办妥，而不必分别面对各个不同部门。物业服务企业犹如一个“总管家”，如图1—2所示。

第二，物业管理是一种专业化的管理。物业管理是由专业的管理企业实施的对物业的统一管理。它可以通过设置专业的管理职能部门来从事相应的管理业务，也可以将一些专项服务事项委托给相应的专业服务单位。例如，园林绿化可以委托给专业的绿化公司，环境卫生可以承包给专业的清洁公司等。

第三，物业管理是一种经营性的管理。物业管理的经营目标是保本微利，量入为出，不以高额利润为目的。物业服务企业可以通过多种经营，使物业管理走上“以业养业、自我发展”的道路，既减轻了自身负担，又使物业维护有了充足的资金来源，从而使业主能够享受到更多的优质服务。

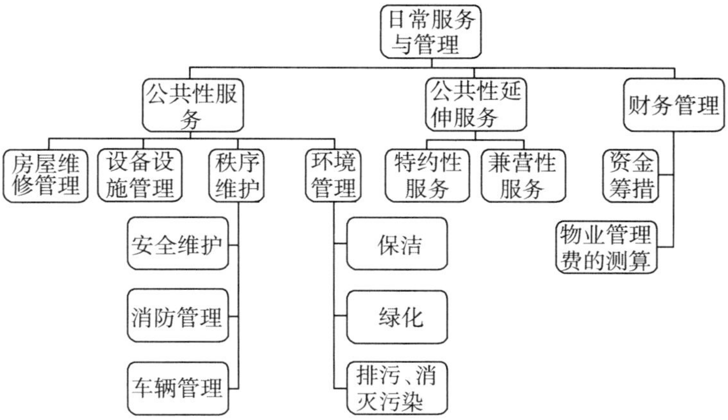

图 1—2　物业日常服务与管理示意图

第四，物业管理是一种规范化的管理。物业管理既有国家法律、法规和物业服务合同的明确规定，也有物业管理的专业性技术规范。物业服务企业的选聘、业主大会的召开、业主委员会的成立、物业服务合同的签订等都要符合法律规定。同时，物业服务企业从事物业管理活动必须遵循相应的专业性技术规范，如常用消防器材使用、养护的规范，电梯设备使用、保养的规范等。

(2)物业管理法律关系及其构成要素

1)物业管理法律关系是指物业管理法律规范在调整物业管理活动的过程中形成的特定主体间的权利和义务关系，是物业管理社会关系中的法律调整形式。例如，《条例》第四十三条规定："物业服务企业可以根据业主的委托提供物业服务合同约定外的服务项目，服务报酬由双方约定"。业主与物业服务企业可以依此形成一个民事的委托合同关系。

2)物业管理法律关系的构成要素包括主体、客体和内容三部分。

①主体。物业管理法律关系的主体是指依法可以参加到物业管理法律关系中，并在其中享有权利和承担义务的人，如自然人、法人、其他组织等。另外，国家作为一个整体，有时候也是物业管理法律关系的参与者。例如，在对国家所有的公共物业进行管理中，国家扮演着业主的角色。

②客体。法律关系的客体又称权利客体，是权利、义务所指向的对象。包括：以实体出现的物，如房屋、设施、设备、场地等；非物质财富，如物业服务企业形成的品牌商标；权利，如通行权、公共秩序维护权等；行为结果，如良好的治安环境、有序的泊车秩序等。

③内容。物业管理法律关系的内容是物业管理法律关系的主体享有的权利和承担的义务。其中权利是指物业管理法律关系主体依法按照自己的意志，做出或者不做出某种行为以及要求他人做出或不做出某种行为的资格；义务是指物业管理法律关系主体依法律规定或合同约定所承担的某种必须履行的责任，或必须做出、不做出某种行为的负担。权利和义务是一致的，没有无权利的义务，也没有无义务的权利。一般情况下，物业管理法律关系主体既享有权利又承担义务，但具体的权利和义务在不同的法律关系下有所不同。

3. 破除旧观念，掌握现代物业管理的新内容

现代物业管理早已突破原来仅负责户口和安全管理的狭隘观念，已作为一种无形但有偿的特殊商品——劳务和专业服务，被广大业主所普遍接受，如图 1－3 所示。这种服务一般要明码标价、明确服务项目和收费标准等。分为常规性的公共服务，如房屋建筑主体的管理及住宅装修的日常监督、房屋设备设施的管理、环境卫生的管理等；针对性的专门服务，如日常生活类、商业服务类、文教卫体类等；委托性的特约服务。

图 1－3　物业服务也要专业化

特别提示

1. 释疑：建筑物区分所有权，是指业主对建筑物的与其他部分区别开来的某一特定部分所享有的所有权，如业主对电梯、绿地等公共设施部分享有共有和共同管理的权利。

2. 考证要点：《条例》第一、二条和《物业服务企业资质管理办法》中的第二条第二款、第三条。

拓展提高

《物权法》第七十条至第八十三条，《物业服务企业资质管理办法》第一条、第二条、第三条，《物业服务收费管理办法》第二条。

思考练习

一、填空题

1. 2007 年对《物业管理条例》进行修订时，将“物业服务企业”修改为“物业服务企业”，从而明确了物业公司的定位是________。
2. 《条例》的第一条指出物业服务企业的合法权益同样也需要得到________。
3. 物业服务企业必须具有独立的________资格。
4. 物业管理以业主和物业服务企业签订的________为基础。
5. 业主招聘物业服务公司时应当向________个以上的特定物业服务企业发出邀请书。

二、选择题

1. 约定物业合同的双方当事人分别是(　　)。

A. 业主和物业服务企业　　B. 业主和建筑商　　C. 建筑商与物业服务企业

2. 物业服务企业资质等级分为(　　)级。

A. 1 级、2 级　　B. 1 级、2 级、3 级　　C. 1 级、2 级、3 级、4 级

3. 物业管理的管理对象是(　　)。

A. 业主　　B. 物业　　C. 物业服务企业

4. 物业管理的基本内容按服务的性质和提供的方式可分为(　　)。

A. 常规性的公共服务　　B. 针对性的专项服务　　C. 委托性的特约服务

5. 物业管理的服务对象是(　　)。

A. 业主和使用人　　B. 业主和物业　　C. 物业和使用人

三、简答题

什么是物业管理?

学习任务2 物业公司的设立及其法律地位

任务概述

本任务主要就物业服务企业的性质、类别、设置条件、资质审批以及内部组织结构和擅自行为的后果逐一进行简单介绍。学好本任务是未来专业职业者做好本职工作的基本功底,既有利于培养企业主人公的意识,又有利于强化为业主服务的职业能力,同时还可以为自己未来职业的发展和在本领域创业打下良好的认知基础。另外,要掌握本任务的相关内容,应当深入物业服务企业进行全面实习。

任务目标

- 能够理解和熟知设立物业服务企业所必备的基本常识
- 能够在具体的业务实践中明确不同的物业服务企业的性质、类别、设置条件、资质划分、内部组织机构的职责分工以及管理过程中擅自行为的法律后果等

学习内容

一、物业服务企业的性质和类别

1. 物业服务企业的概念

物业服务企业是指依法设立、具有独立法人资格、从事物业管理服务活动的企业。其具有营利性、专业化、服务的多样性和社会性以及企业行为依据的单一化等(企业行为的产生只能依据物业服务合同)特点。

2. 物业服务企业的类别

(1)按物业服务企业的组建和形成分类,可以分为专业化、社会化、市场化的物业服务企业,与房地产开发商有隶属关系的物业服务企业,由大中型企事业单位自行组建的物业服务企业,由街道办事处组建的物业服务企业等。

(2)按物业服务企业与物业的产权关系分类,可以分为委托服务型物业服务企业和自

主经营型物业服务企业。前者接受多个产权人的委托，管理各栋房屋乃至整个小区，物业所有权和经营权是分开的，物业管理公司不具有产权；后者则是受上级公司指派，管理自主开发的物业，物业产权属上级公司或该类企业，通过经营收取租金、回收投资、获取利润，物业所有权和经营权是一致的，商业大厦、办公楼、写字楼较常见。

二、物业服务企业的设立条件和注册登记

物业服务企业的设立条件包括实质条件和形式条件，实质条件是指物业服务企业的设立条件；形式条件是指设立物业服务企业需要履行的手续，主要指注册登记。

1. 物业服务企业的设立条件

依据《公司法》的有关规定，物业管理公司分为有限责任公司和股份有限公司。有限责任公司由 50 个以下股东共同出资，每个股东以其出资额为限对公司承担有限责任，公司以其全部资产对公司的债务承担责任；股份有限公司一般由 2 个以上发起人成立，全部资本划分为等额股份，每个股东以其所持的股份为限对公司承担责任，公司以其全部资产对公司的债务承担责任。

根据《公司法》，除以上要求外，还应满足以下条件：有企业名称、有办公场所、有法定代表人、有注册资本（作为服务性企业，其注册资本不得少于 10 万元人民币）、有公司章程、有相应的公司人员（物业管理公司一般应具有 8 名以上的专业技术管理人员，其中中级职称以上的须达 3 人以上）。

2. 物业服务企业的登记注册

物业服务企业具备了物业服务企业的设立条件后，还要进行注册登记。物业服务企业营业前必须到工商行政主管部门进行注册登记。

（1）登记管辖。注册登记应根据注册登记的管辖范围来进行。（详见《中华人民共和国公司登记管理条例》）

（2）成立物业服务企业应备的资料。向上级主管部门提出设立物业管理公司的申请时，内资企业（含国有、集体、股份合作）一般应提供下列资料：

①主管单位对所申请的物业管理公司的经营资质的审批报告；

②设立物业管理公司的可行性报告和上级主管单位的审批文件；

③管理章程；

④公司法人代表任命书或聘任书；

⑤验资证明；

⑥注册及经营地点证明；

⑦拥有或受托管理物业的证明材料；

⑧具有专业技术职称的管理人员的资格证书或证明文件；

⑨其他有关资料。

外商投资企业（含中外合资、中外合作及外商独资）除需要提供内资企业申报审批所需的有关资料外，还需提供合资或合作项目议定书、合同等文件副本及有关批准文件；外商独资企业应委托本市具有对外咨询代理资质的机构办理申请报批事项。

私营企业除补充个人身份证明和待业证明等有关资料外，其余资质资料大体相同。

三、物业服务企业的组织机构和设立登记

物业服务企业的组织机构是对内管理事务、对外代表公司的法定机构。按照《公司法》的有关规定，公司在登记成立以前，必须设置公司的权力部门、经营决策部门和业务执行部门等，如图1—4所示。设立时的董事、监事应当在公司成立以前，在股东首次会议上选出或由已经确定的员工选出。

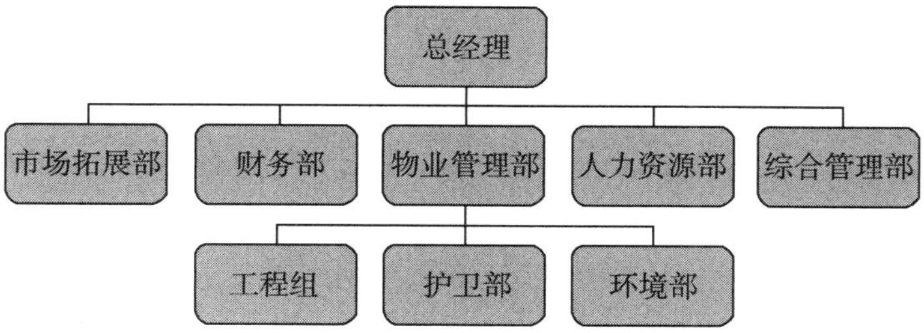

图1—4 小型物业公司组织结构范本

股东的首次出资经法定的验资机构验资后，由全体股东指定的代表或共同委托的代理人向公司登记机关申请公司登记，同时需提交公司登记申请书、公司章程、验资证明、公司董事与监事名单等有关资料。公司登记机关对符合规定条件的予以登记，对不符合规定条件的不予登记。公司登记机关发给营业执照，公司即告成立。

四、物业服务企业的资质等级划分

根据《物业服务企业资质管理办法》的规定，我国物业服务企业划分为一级、二级、三级3个资质等级和临时资质。其中，在注册资金额度和从业人员资格方面的要求如下：

1. 一级资质企业

(1)注册资本人民币500万元以上；

(2)物业管理专业人员以及工程、管理、经济等相关专业类的专职管理和技术人员不少于30人。其中，具有中级以上职称的人员不少于20人，工程、财务等业务负责人具有相应专业中级以上职称；

(3)物业管理专业人员按照国家有关规定取得职业资格证书。

2. 二级资质企业

(1)注册资本人民币300万元以上；

(2)物业管理专业人员以及工程、管理、经济等相关专业类的专职管理和技术人员不少于20人。其中，具有中级以上职称的人员不少于10人，工程、财务等业务负责人具有相应专业中级以上职称；

(3)物业管理专业人员按照国家有关规定取得职业资格证书。

3. 三级资质企业

(1)注册资本人民币50万元以上；

(2)物业管理专业人员以及工程、管理、经济等相关专业类的专职管理和技术人员不少于10人。其中，具有中级以上职称的人员不少于5人，工程、财务等业务负责人具有相应专业中级以上职称；

(3)物业管理专业人员按照国家有关规定取得职业资格证书。

五、资质等级审批

1.新设物业服务企业的资质审批

新设立的物业服务企业应按有关规定到当地县级以上人民政府物业管理行政主管部门申请领取《临时资质证书》，物业服务企业领取《临时资质证书》后方可从事物业管理业务。《临时资质证书》有效期为一年，有效期满后，物业服务企业向物业管理行政主管部门申请三级资质的评定。未获通过的，物业管理行政主管部门应当取消其从事物业管理业务的资格。

2.资质等级审批应提交的材料

申请核定资质等级的物业服务企业，应提交下列材料：

(1)物业服务企业资质等级申报表；

(2)营业执照复印件；

(3)建设部颁发的物业服务企业经理岗位证书、从业人员岗位证书复印件和管理人员、工程技术人员职业资格证书复印件；

(4)物业管理委托合同复印件；

(5)物业管理业绩材料；

(6)企业上一年度财务审计表。

3.物业服务企业资质审批

根据《物业服务企业资质管理办法》的规定，国务院建设主管部门负责一级物业服务企业资质证书的颁发和管理。省、自治区人民政府建设主管部门负责二级物业服务企业资质证书的颁发和管理，直辖市人民政府房地产主管部门负责二级和三级物业服务企业资质证书的颁发和管理，并接受国务院建设主管部门的指导和监督。

设区的市人民政府房地产主管部门负责三级物业服务企业资质证书的颁发和管理，并接受省、自治区人民政府建设主管部门的指导和监督。

六、擅自行为的后果

根据《物业服务企业资质管理办法》的规定，有下列情形之一的，资质审批部门或者其上级主管部门，根据利害关系人的请求或者职权可以撤销资质证书。

1.给予行政撤销

(1)审批部门工作人员滥用职权、玩忽职守作出物业服务企业资质审批决定的；

(2)超越法定职权作出物业服务企业资质审批决定的；

(3)违反法定程序作出物业服务企业资质审批决定的；

(4)对不具备申请资格或者不符合法定条件的物业服务企业颁发资质证书的；

(5)依法可以撤销审批的其他情形。

2.给予行政处罚

物业服务企业超越资质等级承接物业管理业务的，由县级以上地方人民政府房地产主管部门予以警告，责令限期改正，并处1万元以上2万元以下的罚款。物业服务企业无正当理由不参加资质年检的，由资质审批部门责令其限期改正，可处 1 万元以上 3 万元以下的罚款。物业服务企业出租、出借、转让资质证书的，由县级以上地方人民政府房地产主管部门予以警告，责令限期改正，并处 1 万元以上 3 万元以下的罚款。物业服务企业不按照规定及时办理资质变更手续的，由县级以上地方人民政府房地产主管部门责令限期改正，可处 2 万元以下的罚款。

3.给予行政处分或追究刑事责任。

资质审批部门有下列情形之一的，由其上级主管部门或者监察机关责令改正，对直接负责的主管人员和其他直接责任人员依法给予行政处分；构成犯罪的，依法追究刑事责任。

(1)对不符合法定条件的企业颁发资质证书的；

(2)对符合法定条件的企业不予颁发资质证书的；

(3)对符合法定条件的企业未在法定期限内予以审批的；

(4)利用职务上的便利，收受他人财物或者其他好处的；

(5)不履行监督管理职责，或者发现违法行为不予查处的。

案例分析

概述：2010 年 9 月 20 日北京市居民邹先生向所在区房管局举报称：其所居小区建筑面积 78 万平方米，但负责该区物业管理的新都物业服务公司却只有三级资质，其已涉嫌超越资质等级承接物业管理业务。于是，实名写信给房管局进行检举，请求房管局依法责令新都物业服务公司退出该小区的物业管理服务；依法对其违规行为作出行政处罚。但房管局直到 2011 年 1 月都未履行其法定职责。于是，邹先生以所在区房管局不履行法定职责为由，将其诉至法院。法院经审理判邹先生胜诉。

分析：根据我国《信访条例》第三十二条的规定，行政机关直接办理的信访事项应当在办理完毕后视情况将办理结果书面答复信访人。根据《物业服务企业资质管理办法》(下文简称《办法》)的有关规定，物业服务企业违反该《办法》的规定，超越资质等级承接物业管理业务时，由县级以上地方人民政府房地产主管部门依法查处。邹先生所在的区房管局作为房地产主管部门，负有对本辖区内的物业服务企业违反《办法》规定的行为进行查处的法定职责。但该局在接到邹先生的举报信以后，未对其作出书面或口头答复，且未向法院提交处理举报事项的证据，故没有履行法定职责。因此，法院判令区国土资源和房屋管理局在三十日内对邹先生所举报的事项进行查处。

特别提示

考证要点：《物业服务企业资质管理办法》第三条至第七条、第九条、第十一条。

拓展提高

1. 建设部《关于实行物业服务企业经理、部门经理、管理员岗位培训持证上岗制度的通知》。

2.《公司法》第二十五条。

思考练习

一、填空题

1. 物业服务企业是指依法设立、具有________资格，从事物业管理服务活动的企业。
2. 按物业服务企业与物业的产权关系分类，可将物业服务企业分为________和自主经营型物业服务企业。
3. 一级资质物业服务企业的注册资本应在________万元以上。
4. 新设立的物业服务企业应按有关规定到当地县级以上人民政府物业管理行政________申请领取《临时资质证书》。
5. 外商独资企业应委托本市具有________办理申请报批事项。

二、选择题

1. 三级资质物业服务企业的注册资本应在(　　)以上。

   A. 50 万元　　B. 300 万元　　C. 500 万元

2.《临时资质证书》有效期为(　　)年。

   A. 三　　B. 两　　C. 一

3. 一级物业服务企业资质证书的颁发和管理由(　　)。

   A. 省、自治区人民政府建设主管部门负责
   B. 国务院建设主管部门负责
   C. 设区的市人民政府房地产主管部门负责

4. 物业服务企业超越资质等级承接物业管理业务的，由(　　)以上地方人民政府房地产主管部门予以行政处罚。

   A. 县级　　B. 市级　　C. 省、自治区、直辖市

5. 资质审批部门有下列情形之一的，由(　　)责令改正。

   A. 其上级主管部门
   B. 其上级主管部门或者监察机关
   C. 监察机关

三、简答题

申请评定资质等级的物业服务企业应提交哪些材料？

学习任务3 物业服务企业的招聘和监管

任务概述

充分理解引入竞争机制，依法公开、公平、公正选择物业服务企业，是广大业主获得满意物业服务的重要保证。同时，要深刻认识到相应的政府职能机关依规及时履行必要的监管职责，也是督促物业服务企业搞好服务、平衡物业管理法律关系多方主体的权利，并最终实现《条例》宗旨的有力保障。

要做到以上两点，除要理解、掌握相关的法律法规知识外，还要适当参考一些司法案例，积极寻找机会参与一些物业企业的招投标活动。

任务目标

- 能大致了解物业招投标过程中应当公开的重点环节；初步关注招投标双方在招投标过程中容易违反公平、公正原则的主要行为
- 能清晰了解物业管理监管机关的职责分工以及该机关擅自作为和不作为的法律后果

学习内容

一、依法选聘物业服务企业，维护公平正义

1.依法选择物业服务企业

(1)招聘物业服务企业要公开，包括四方面的要求，即物业管理招标信息要公开、开标的程序要公开、评标的标准和程序要公开、中标的结果要公开。

(2)招聘物业服务企业的过程要公平、公正。对于物业管理招标方和投标方而言，都要遵循公平和公正的原则。招标方要严格按照公开的招标条件和程序办事，同等地对待每一个投标者；投标方应当以正当的手段参加投标竞争，不得串通投标，不得向招标方及其工作人员行贿、提供回扣或者给予其他好处等。

2.物业管理的类别

依据委托物业服务企业的时间，可以将物业管理分为前期物业管理和后期物业管理。

(1)前期物业管理。主要是指在业主、业主大会选聘物业服务企业之前，由建设单位选聘物业服务企业实施物业管理。

(2)后期物业管理。一般发生在业主大会成立之后，即通常意义上的物业管理。

案例分析

概述：熊某原是广州卓达（化名）房地产开发公司的总经理助理，日常负责公司物业项目的招标工作。熊某与诚悦（化名）物业管理公司的经理吕某因曾是同学关系而相互熟悉。在卓达房地产开发公司一次招聘前期物业管理公司时，吕某找到了熊某，希望其能协助他的公司中标，并承诺事成之后向其支付介绍费。熊某答应了吕某的要求，随后在招标过程中指定某公司为招标代理，以便吕某中标；而后在投标资格审查阶段，熊某又故意剔除了部分符合资质的应标公司，并且将标底提前泄露给吕某。最终吕某所在的公司根据熊某提供的资料制作了标书，如愿拿到了该项目。

事情败露后，熊某被起诉，法院以熊某犯有串通投标罪判处拘役三个月，并处罚金五万元；两公司分别因此事被政府相应的监管部门在全市通报。

分析：上述案件告诉我们，无论是房地产开发公司进行的前期物业招标活动，还是业主委员会从事的后期物业招标活动，都应依照国家相关的法律法规展开。《条例》第三条明确规定："国家提倡业主通过公开、公平、公正的市场竞争机制选择物业服务企业。"

图 1—5　串通投标害人害己

《刑法》第二百二十三条规定：投标人与招标人串通投标，损害国家、集体、公民的合法利益，情节严重的，处三年以下有期徒刑或者拘役，并处或者单处罚金。显然，熊某的行为违反了相关法律法规的有关规定，必然要受到应有的处罚，如图 1—5 所示。

二、监管不力，也需担责

1. 物业管理监管机关

《条例》第五条明确规定："国务院建设行政主管部门负责全国物业管理活动的监督管理工作。县级以上地方人民政府房地产行政主管部门负责本行政区域内物业管理活动的监督管理工作。"我国级别最高的建设行政主管部门是住房和城乡建设部，而地方各级物业管理活动的监管机关一般被人们习惯称为房管局。根据国务院的要求，住房和城乡建设部的主要职能之一就是"拟定物业管理的规章制度并监督执行、拟定物业服务企业的资质标准"等。

2. 物业管理的投诉

《条例》第四十八条规定："县级以上地方人民政府房地产行政主管部门应当及时处理业主、业主委员会、物业使用人和物业服务企业在物业管理活动中的投诉。"

所谓物业管理投诉，是指物业管理法律关系一方当事人，即业主、业主委员会和物业使用人在物业管理过程中，对物业服务企业或其他物业管理主体违反物业管理有关法律、委托服务合同等行为，向所在地物业行政管理部门、物业管理协会、消费者协会或物业服务企业的上级部门进行口头或书面的反映。

3. 监管机关或公务人员违法行为的责任

《条例》第六十七条规定："违反本条例的规定，国务院建设行政主管部门、县级以上地方人民政府房地产行政主管部门或者其他有关行政管理部门的工作人员利用职务上的便利，收受他人财物或者其他好处，不依法履行监督管理职责，或者发现违法行为不予查处，构成犯罪的，依法追究刑事责任；尚不构成犯罪的，依法给予行政处分。"

案例分析

概述：2009年6～10月，龙山花园的胡某等十位业主就联盛物业管理公司（化名，以下简称联盛公司）违法使用业主公共绿地修建车库一事，先后三次向本市房管局投诉，要求市房管局就上述问题展开调查，并吊销联盛公司的物业管理资质证书。两个月内没有得到任何答复后，胡某等人以市房管局不履行法定职责为由，先后分别向区和市两级法院提起诉讼和上诉。市法院经审理查明，市房管局接到投诉后，虽然责令联盛公司将其占用的龙山花园公共绿地恢复了原状，但被上诉人对胡某等业主提出的吊销联盛公司的物业管理资质证书的请求却未作出处理和答复，而且市房管局相关责任人王某还曾两次接受联盛公司的吃请，从而故意实施了妨碍房管局对联盛公司作出进一步处罚的行为。

经二审终审，市房管局因不履行相应的行政监督职责（未依法吊销联盛公司的资质证书）而承担败诉后果；对王某依照《国家公务员暂行条例》给予降级处分。

分析：本案的争议焦点是市房管局是否履行了法定职责。首先，根据《条例》第五条、第四十八条的规定，市房管局具有监督物业管理活动及对物业管理活动的投诉进行处理的行政职责。这种法定职责具有不可处分性，因为这是代表国家行使监督管理物业管理活动的职责。

其次，地方人民政府房管局应当严格依据相关规定，对本行政区域内物业服务企业的管理行为进行监管，既不得超越权限，也不得不履行职权，否则就要承担相应的法律后果。因此，市房管局及其工作人员王某要承担败诉、被给予行政处分的后果。

特别提示

考证要点：《条例》第五条、第四十八条、第六十七条。

拓展提高

参考学习：《业主大会和业主委员会指导规则》第四十九条；《刑法》第三百九十七条；《行政机关公务员处分条例》第六条。

思考练习

一、填空题

1. 国家提倡业主通过________、________、________的市场竞争机制选择物业服务企业。

2. 国家鼓励采用新技术、新方法，依靠________提高物业管理和服务水平。

3. 国务院建设行政主管部门指的是________。

4. 前期物业管理是指由________选聘物业服务企业实施物业管理。

5. 通常意义上的物业管理是指________。

二、选择题

1. 房管局属于(　　)单位。

A. 行政　　B. 事业　　C. 企业

2. 现在国家一级物业管理活动的监督机关是(　　)。

A. 建设部　　B. 住房和城乡建设部　　C. 城乡建设部

3. 物业管理法律关系主体包括(　　)。

A. 行政主管部门　　B. 物业服务企业

C. 开发公司　　D. 业主大会及其委员会

E. 业主

4. 物业管理纠纷投诉人可以指以下哪类人(　　)。

A. 业主委员会　　B. 业主

C. 物业使用人　　D. 物业服务企业

5. 物业管理纠纷投诉人一般可以向以下哪些部门进行投诉(　　)。

A. 房管局　　B. 物业管理协会

C. 消费者协会　　D. 物业服务企业的上级部门

三、简答题

国家物业管理监督机关或者其工作人员违反本条例的规定时应负哪些责任？

单元要点归纳

不知不觉就要结束对本单元的学习了，同学们一定会觉得这部分内容显得较为松散、比较抽象，这是因为该部分主要涉及的是《条例》的“总则”方面，即整个课程的“头脑”部分。所以，首先要抽象出《条例》内在的且处于统领地位的精神与理念，即从立法目的到对主要法律行为的定位，从招聘物业公司的理性主张到提高服务质量和效率的方针，最后到保障、监管机制的建立，无不彰显着“头脑”的智慧。

尽管内容涉及广泛，但各部分之间却是一个有机整体，是对整个法律法规的“宏观规划”，而且这个规划基本是围绕着“物业管理”这一中心法律行为展开的：第一条至第五条分别规定了从事法律行为的目的、对该法律行为的定位、选择法律行为主体的理念、这一法律行为应有的进步趋势、法律行为的外力保障机制等。所以，有了这五方面的合理搭配设计，才会有“物业管理”这一核心法律行为的稳步展开。

第二单元　业主及业主大会

单元概述

本单元主要就《条例》第二章“业主及业主大会”中第六条、第七条的内容进行重点学习，并依照权利、义务、责任的逻辑将第四十七条、第六十六条一并进行学习。学好本单元是理解和掌握物业管理法规其他实操知识的前提和基础，也是从业者做好本职工作的必备认知。本单元共分五个层次：业主和物业使用人的权利、义务和责任；业主大会；物业管理区域的划分；业主委员会；物业管理其他法律关系主体对业主大会、业主委员会的职责限制。

单元目标

● 通过学习，能基本记忆、理解和掌握《条例》第二章有关业主及业主大会的相关知识

● 能够区分相近或相似概念，学会运用本单元的法律知识解决物业管理方面的实际问题

学习任务1 业主的权利和义务

任务概述

本任务主要实现对《条例》第六条、第七条、第四十七条和第六十六条等内容的掌握。通过学习，熟知业主和物业使用人的权利、义务以及二者在违规情况下应负的法律责任，以便培养尊重业主权利、引导其积极履行义务的能动意识，为依法服务、处理公司和业主之间的关系、实现二者的共同目标打下良好的法律基础。如图2—1所示。

图2—1 物业公司与业主

任务目标

- 理解并掌握业主的定义，能明确区分业主与物业使用人之间的不同
- 通过对本任务的学习，能基本认知业主和物业使用人的权利及应当履行的法律义务；掌握业主以业主大会或者业主委员会的名义从事违法活动必须承担的法律责任

学习内容

一、业主、物业使用人及其区别

1. 业主和物业使用人

《条例》第六条规定，房屋的所有权人为业主。业主也包括与房屋相配套的设备、设施和相关场地的所有权人。

物业使用人是与业主相关的一个概念，主要指物业承租人等物业的实际使用人。

2. 业主与物业使用人的区别

物业的使用人不是业主，物业的使用人是指物业承租人和实际使用物业的其他人。业主是物业的所有权人，对物业享有占有、使用、收益和处分的全部权利；而使用人对物业只享有占有、使用或者一定条件下的收益权，没有处分的权利。

案例分析

概述：某物业服务公司与某小区业主委员会签订了物业服务合同。合同到期后，由于该物业公司服务不到位，小区业主委员会决定聘用新的物业公司。但该物业公司拒绝退场，并自行与小区过半数的业主分别签订了新的物业服务合同。小区业主委员会遂作为原告向法院提起诉讼，请求判该物业公司停止对小区提供物业服务并退出物业服务区。诉讼中，该物业公司提出：小区业主委员会成员陈某为业主的配偶，房屋产权证上未载有陈某的姓名，陈某不具有业主资格；该小区租赁房屋的张某不是房屋所有权人，不具备业主资格，更不是业主委员会成员；新的物业服务合同为物业公司在平等自愿的情况下同小区内过半数业主签订的，符合物业合同成立要件，物业公司据此有权继续为小区提供物业服务。

分析：本案的关键主要是理解业主的定义。作为业主的配偶，房屋产权证上未载有陈某的姓名，陈某是否具有业主资格？租赁该小区房屋的张某是物业的实际使用人，是否具备业主资格？

根据《条例》和《物权法》及《最高人民法院司法解释》的规定，房屋所有权人为业主，这里的业主包括经过登记有所有权的业主和事实业主等情形。本案中，租赁该小区房屋的张某是物业的实际使用人，只有使用权，没有所有权，不具备业主资格，不是业主，也不能成为业主委员会中的一员；陈某虽然没有经过登记，但是与业主具有法定夫妻关系，根据婚姻法的规定，婚姻存续期间所获得的财产为夫妻双方共同所有。另外，根据物权法的规定，共同所有人对共有的不动产或者动产共同享有所有权。因此可以认定，陈某取得了房屋的共有所有权，所以应当认定为取得业主资格，为合法业主。

二、业主的权利和义务

1.业主的权利

业主的权利是法律所赋予的保护自身合法利益的必要武器，在物业管理活动中，主要包括以下几个方面：

(1)按照物业服务合同的约定，接受物业服务企业提供的服务；

(2)提议召开业主大会会议，并就物业管理的有关事项提出建议；

(3)提出制定和修改管理规约、业主大会议事规则的建议；

(4)参加业主大会会议，行使投票权；

(5)选举业主委员会成员，并享有被选举权；

(6)监督业主委员会的工作；

(7)监督物业服务企业履行物业服务合同；

(8)对物业共用部位、共用设施设备和相关场地使用情况享有知情权和监督权；

(9)监督物业共用部位、共用设施设备专项维修资金(以下简称专项维修资金)的管理和使用；

(10)法律、法规规定的其他权利。

2. 业主的义务

根据《条例》第七条规定，业主在物业管理活动中，应当履行下列义务：

(1)遵守管理规约、业主大会议事规则；

(2)遵守物业管理区域内物业共用部位和共用设施设备的使用、公共秩序和环境卫生的维护等方面的规章制度；

(3)执行业主大会的决定和业主大会授权业主委员会作出的决定；

(4)按照国家有关规定交纳专项维修资金；

(5)按时交纳物业服务费用；

(6)法律、法规规定的其他义务。

案例分析

概述：北京市海淀区某物业公司负责一小区的物业管理工作，由于该物业公司在公共电梯及宣传栏内张贴广告却不公示收益，被业主起诉至法院。原告刘女士称，该物业公司在对小区进行物业管理服务期间，不遵守合同约定，擅自在公共电梯及宣传栏内张贴广告，要求该公司停止侵权，公开电梯及宣传栏内广告费的账目。该物业公司承认曾利用电梯及宣传栏和有关单位合作投放广告，但表示广告费的收益已用于小区建设和服务。同时，物业公司提出高女士未按约定交纳物业服务费，故不同意原告的诉求。

分析：北京市海淀区人民法院判决业主胜诉，责令物业公司立即在其所管理的小区公告栏内公示广告费的收益账目。法院认为，刘女士作为小区业主之一，对物业共用部位、共用设施设备和相关场地使用情况享有知情权和监督权，并享有物业企业对小区实施物业管理服务过程中所发生的资金收支情况的知情权。据此，判决该物业公司立即在其所管理的小区公告栏内公示广告费的收益账目。同时，高女士应该履行业主按时交纳物业服务费的义务。

三、业主的违法责任及物业使用人的权利、义务

1. 业主以业主大会或者业主委员会的名义，从事违法活动的责任

《条例》第六十六条规定：业主以业主大会或者业主委员会的名义，从事违反法律、法规的活动，构成犯罪的，依法追究刑事责任；尚不构成犯罪的，依法给予治安管理处罚。

可以从以下几个方面加以理解：

(1)触犯刑法。业主的违法行为性质严重，触犯了刑法的，应当依照《刑法》的规定追究刑事责任。可能涉及的罪名主要有：放火、决水、爆炸、投毒或者以其他危险方法危害公共安全罪；破坏电力、易燃易爆设备罪；消防责任事故罪；聚众扰乱公共场所秩序罪；故意毁坏财物罪；妨害公务罪等。

(2)触犯行政法律、法规。业主的违法情节严重，但尚不构成犯罪的，物业自治管理组织可以向物业管理主管部门或其他主管部门反映，如城建监察、治安、供气等部门，依照相关行政法律法规或规章的规定给予违法业主行政处罚。若业主拒绝、阻碍国家工作人员依法执行职务，但未使用暴力、威胁方法，则按照《治安管理处罚法》进行处罚。具体表

现为：

①擅自行为，指违反物业管理法规的禁为义务规范而擅自作出的行为；

②不履行法定应为义务的行为，指违反物业管理法规的作为义务规范不作出法规所要求的行为。

2.物业使用人的权利义务

《条例》第四十七条规定：物业使用人在物业管理活动中的权利义务由业主和物业使用人约定，但不得违反法律、法规和管理规约的有关规定。

物业使用人违反本条例和管理规约的规定，有关业主应当承担连带责任。

(1)物业使用人的权利：对物业享有占有、使用以及特定条件下的收益权。

(2)物业使用人的义务：遵守管理规约；遵守物业管理区域内物业共用部位和共用设施等方面的规章制度；执行业主大会的决定和业主大会授权业主委员会作出的决定；在约定由物业使用人交纳物业费时，要按时交纳。

案例分析

概述：某小区的业主委员会与该小区的物业服务企业之间产生了矛盾，故业主委员会在小区公告栏及社区网站上发布了多篇对物业服务企业不利的文章。其中一篇为业主委员会主任王某发布的《关于撤换小区保安经理》的文章，文中提到保安经理赵某在消防器材维护过程中有拿回扣的嫌疑，要求物业公司撤换赵某。为此，赵某多次找到业主委员会主任王某，要求王某拿出其吃回扣的证据，王某拿不出相关证据。赵某认为业主委员会主任王某的行为对其造成了恶劣影响，且存在主观过错，对其名誉造成了极大损害，于是将业主委员会主任王某诉讼至法院。

分析：本案中王某虽然为业主委员会委员，但赵某认为其以业主委员会的名义发布的《关于撤换小区保安经理》的文章是王某个人的行为。因此，多次找到王某个人理论，加深了两人之间的矛盾，在王某拿不出证据的情形下，赵某认为应当由王某个人承担责任。于是赵某将王某个人诉至法院，要求王某承担侵权责任。

四、实践中应注意的有关业主的几个问题

1.业主与物业服务企业之间是一种平等的民事法律关系

业主与物业服务企业之间的法律关系是基于物业服务合同产生的。在物业服务合同中，合同的主体，即业主和物业服务企业是相互独立、相互平等的民事主体；物业服务合同的内容，即权利和义务是民事性质的权利和义务。合同本身是双方在自愿、平等的基础上就物业管理服务的基本内容所达成的一致协议。因此，双方对该合同均负有诚实守信、忠实履行的义务，任何一方违约都要承担相应的法律责任。

2.业主不能放弃享有物业管理服务的权利

从民事权利的性质来讲，民事权利的权利人是可以放弃权利的。但在物业管理服务法律关系中，业主所享有的物业管理服务的权利已不仅是业主个人的权利，而具有成员权的性质，即业主基于其所有的建筑物区分所有权，已经成为公共管理中的一员。在此情况下，由于物业管理服务具有集体的公益性，业主不能通过放弃自己对公益的享有而不履行一定的公益义务。如在物业管理区域内，业主不能以自己不享受物业管理服务为由拒绝交纳物业管理费。

3. 物业占有人或使用人有违约或侵权行为，业主应承担责任

业主为物业服务合同的主体，在该合同的实际履行过程中，尽管实际履行的主体大多数是业主，但也可能不是业主而是物业的占有人或使用人。业主与物业服务企业之间的法律关系不同于占有人或使用人与物业服务企业之间的法律关系。业主与物业服务企业之间是一种物业服务合同的关系；业主与物业的实际占有人或使用人之间可能是一种借用合同关系，也可能是一种租赁合同关系。物业的实际占有人或使用人与物业服务企业之间并不直接发生法律关系。基于合同法的基本理论，合同一方当事人仅对另一方当事人产生权利义务的约束力。因此，物业的实际占有人或使用人在使用物业的过程中，如果实施了某种侵权行为或未按照物业服务合同的要求履行义务，则针对侵权行为，受害人可请求加害人承担相应的法律后果；针对违约行为，物业服务企业只能够向业主主张权利，而无权直接向物业的占有人或使用人主张。如图 2－2 所示。至于业主，就物业占有人或使用人的违约行为承担责任后，他有权向占有人或使用人追偿。

图 2－2 业主和承租人负连带侵权责任

特别提示

考证要点：《条例》中的第六条、第七条、第四十七条、第六十六条。

拓展提高

《物权法》第七十一条至第七十五条、第七十七条、第八十三条及《最高人民法院关于审理建筑物区分所有权纠纷案件具体应用法律若干问题的解释》第一条、第七条、第十五条。

思考练习

一、填空题

1. 业主，是指物业的________人，通常指房屋的所有权人。
2. 业主参加业主大会会议，行使________权。
3. 业主在物业管理活动中，对物业共用部位、共用设施设备和相关场地使用情况享有________权和________权。
4. 业主在物业管理活动中，需要履行义务：按照国家有关规定交纳________资金。

5. 业主在物业管理活动中，需要履行义务：按时交纳________费用。

二、选择题

1. 物业服务合同的当事人业主与物业服务企业之间是（　　）。

A. 平等的民事法律关系　　B. 委托关系

C. 监督关系　　D. 管理关系

2.《条例》规定，物业管理用房的所有权依法属于（　　）。

A. 业主委员会　　B. 物业服务企业　　C. 居民委员会　　D. 业主

3.《条例》规定，是否成立业主大会由（　　）决定。

A. 物业管理区域的居委会

B. 物业管理区域的全体业主

C. 物业管理区域的相关行政机构

D. 业主委员会开会商议

4. 按照《条例》的规定，以下不是业主的权利的是（　　）。

A. 选举业主委员会委员，并享有被选举权

B. 就物业管理事项向业主大会提出建议

C. 按时交纳物业服务费用

D. 对物业共用部位、共用设施设备和相关场地使用情况享有知情权和监督权

5.《条例》规定业主在物业管理活动中应当履行的义务不包括（　　）。

A. 遵守管理规约、业主大会议事规则

B. 按照国家有关规定交纳专项维修资金

C. 执行业主大会的决定和业主大会授权业主委员会作出的决定

D. 按照物业服务合同的约定，接受物业服务企业提供的服务

三、简答题

业主的权利和义务分别是什么？

学习任务2 业主大会

任务概述

本任务主要就业主大会所涉及的基本内容展开学习。通过学习，初步了解业主大会的组成、会议的召开方式和决定、会议类型和启动方式、通知和议事规则等。以上内容主要体现在《条例》的第八条、第十二条、第十三条、第十四条和第十八条。学习和了解以上知识，能够帮助大家在未来的工作中学会换位思考，有利于消除物业服务企业居高临下的传统观念，处理好物业服务企业与广大业主之间的关系，从而实现双方合作利益的最大化。如图2—3所示。

图2—3 物业服务企业与业主大会

任务目标

- 能够正确理解和认识业主大会的性质及设立的目的
- 能初步了解业主大会活动的基本流程

学习内容

一、业主大会的性质和设立目的

业主大会是全体业主为实现对物业的自我管理、为对物业管理区域内的共同事项作出决定而组成的自治组织，是建筑区划内建筑物及附属设施的管理机构。业主大会主要对物业共有部分行使共同管理的权利，并对小区内的业主行使专有部分的所有权作出限制性的规定，以维护建筑区划内全体业主的合法权益。正如《条例》第八条规定："物业管理区域内全体业主组成业主大会。业主大会应当代表和维护物业管理区域内全体业主在物业管理活动中的合法权益。"

二、业主大会的运行形式及决定

1.业主大会的运行方式

(1)业主参加大会的方式既包括亲自参加的方式，也包括委托代理人参加的方式。

(2)业主大会会议可以采用集体讨论的形式，也可以采用书面征求意见的形式。但是，应当有物业管理区域内专有部分占建筑物总面积过半数的业主且占总人数过半数的业主参加。详见《条例》第十二条第一款。

2.业主大会的表决规则

(1)业主大会决定《条例》第十一条第五款和第六款规定的事项,应当经专有部分占建筑物总面积2/3以上的业主且占总人数2/3以上的业主同意;决定《条例》第十一条规定的其他事项,应当经专有部分占建筑物总面积过半数的业主且占总人数过半数的业主同意。

(2)业主大会或业主委员会的决定对业主具有约束力。

(3)业主大会或业主委员会作出的决定侵害了业主的合法权益时,受侵害的业主可以请求人民法院予以撤销。

三、业主大会会议的类型及启动方式

1.会议类型

业主大会会议分为定期会议和临时会议。

2.启动方式

(1)定期会议的启动方式。定期会议又称为例会,应当按照业主大会议事规则的规定定期召开。选举产生业主委员会后,由业主委员会负责召开业主大会会议,根据管理规约的规定,每年召开一次或几次。

(2)临时会议的启动方式。临时会议是指遇有紧急情形或重大事情,需要临时召开的业主大会会议。遇有下列情形时,应当召开临时会议:

①经专有部分占建筑物总面积20%以上的业主且占总人数20%以上的业主提议的;

②发生重大事故或者紧急事件需要及时处理的;

③业主大会议事规则或者管理规约规定的其他情况。

四、业主大会会议的通知、记录和公告

1.业主大会会议的通知

业主大会会议关系到各业主的切身利益,因此会议时间、地点、内容、议决事项等应提前通知。《条例》第十四条规定:“召开业主大会会议,应当于会议召开15日以前通知全体业主。住宅小区的业主大会会议,应当同时告知相关的居民委员会。业主委员会应当做好业主大会会议记录。”

召开业主大会会议除通知全体业主外,还应同时告知相关的居民委员会。因为居民委员会是居民自我管理、自我教育、自我服务的基层群众性自治组织,同时具有准政府机构的性质。因此,居民委员会对社区的管理具有协助的义务,但并非履行行政管理的职责。

另外,召开业主大会会议时,物业所在地的区、县房地产行政主管部门和街道办事处、乡镇人民政府有指导和协助的义务,这里的指导和协助是一种被动义务。

2.业主大会会议记录

该纪录由业主委员会负责,法定形式为书面形式,内容包括会议的时间、场所,议事的内容和结果等。会议记录应当有业主委员会委员的签名。会议记录作为业主大会的工作资料,应当妥善保存,以备业主查阅、监督。

3.业主大会会议的公告

业主大会会议的决定应当以书面形式在物业管理区域内及时公告。业主大会会议的决定在做出时即对业主产生约束力。

五、业主大会议事规则

业主大会议事规则是业主大会组织、运作的规程，是对业主大会的宗旨、组织体制、活动方式、成员的权利义务等内容进行记载的业主自律性文件。《条例》第十八条规定："业主大会议事规则应当就业主大会的议事方式、表决程序、业主委员会的组成和成员任期等事项作出约定。"根据《业主大会和业主委员会指导规则》第十九条的规定，业主大会议事规则应当对下列主要事项作出规定：

(1)业主大会名称及相应的物业管理区域；

(2)业主委员会的职责；

(3)业主委员会议事规则；

(4)业主大会会议召开的形式、时间和议事方式；

(5)业主投票权数的确定方式；

(6)业主代表的产生方式；

(7)业主大会会议的表决程序；

(8)业主委员会委员的资格、人数和任期等；

(9)业主委员会换届程序、补选办法等；

(10)业主大会、业主委员会工作经费的筹集、使用和管理；

(11)业主大会、业主委员会印章的使用和管理。

案例分析

概述：2011年11月某市朝阳新区业主委员会组织召开了业主大会，会后发布公告，称业主大会通过决议：物业费的收取将增加包干制。

决议涉及是否与朝阳物业公司签订一份新的物业服务合同以及变更物业费的收取办法两大事项。会前，业主委员会委托朝阳物业公司负责书面征求意见和投票统计等关键环节的工作。该决议共有面积近8万平方米的业主拥有投票权并参与了投票，其中开发商以业主身份占了4.8万平方米。

业主王女士认为该投票权数存在虚假，该决议的形成及结果显失公正，使自己的利益受到了侵害。请求法院判决业主大会程序违法，投票无效，并撤销业主大会的决议。

因为业主委员会不能提供相应的证据证明开发商以业主身份占了4.8万平方米，所以承担举证不能的后果，法院最终判决撤销业主委员会的决议。

分析：业主委员会作为业主大会的常设机构和执行机构，遵循法定规则作出的决议对全体业主具有约束力。但业主大会或业主委员会作出的决定侵害业主合法权益的，受侵害的业主可以请求人民法院撤销该决定。

本案中朝阳新区业主委员会为了使通过的决议具有形式上的合法性，即符合"决定《条例》第十一条规定的其他事项，应当经专有部分占建筑物总面积过半数的业主且占总人数过半数的业主同意"的规定，假称作为业主的开发商占了4.8万平方米，但却没有证据证明，最终不得不承担举证不能的后果。

六、首次业主大会会议召开前的筹备工作

(1)设立大会筹备组。业主大会设立的筹备组一般由物业所在地的区、县房地产管理部门代表、建设单位代表、业主代表组成。如果该区域内设立了居民委员会,还可以邀请居民委员会的委员参加。

(2)根据业主区域范围的不同,通过全体业主共同协商,产生业主代表或业主小组成员。业主代表必须由全体业主同意,并能够代表其所代表的范围内的业主行使权利。

(3)业主代表产生后,通过协商推荐业主委员会候选人。

(4)参照建设部制定的《业主大会和业主委员会指导规则》的有关规定,结合本物业管理区域的实际情况,充分听取广大业主和有关人员的意见,草拟业主大会议事规则、业主委员会章程、业主公约、有关规章制度以及有关法律文件。

(5)完成上述事项后,还应确定召开业主大会会议的时间、地点以及会务所涉及的有关工作。业主大会筹备组所进行的所有筹备工作都必须认真做好记录。当然,根据规定,一个物业管理区域内只有一个业主的,或者业主人数较少且经全体业主同意,决定不成立业主大会的,由业主共同履行业主大会、业主委员会的职责。

案例分析

概述:某住宅小区要成立业主大会,在核定产权人时,发现产权登记人竟有一位13岁的孩子。经了解方知,其姓赵,是附近中学的一名初中生,是独生子,其父母考虑到自己逐渐年迈,购买的房产迟早都要给孩子,故在房产登记时就直接将孩子登记成了房屋产权人,认为这样将来还可以免除缴遗产税等烦琐之事。

了解此事之后,业主委员会成立过程就没有通知赵某参加,召开的业主大会也没有让赵某参加。因为大部分业主认为赵某属于限制民事行为能力人,没有参加业主大会的资格,物业服务企业也坚决反对赵某参加。而赵某的监护人认为自己孩子的合法权益受到了侵犯,就把小区业主委员会和物业服务企业告上了法庭,要求法院主持公道、维护自己的合法权益。

两被告认为,赵某年仅13岁,属于《民法通则》上限制民事行为能力人,他没有独立进行民事活动的能力,即不能参与与其年龄、智力不相适应的民事活动。没有让赵某参加业主大会是有一定道理及法律根据的,请求法院驳回原告的诉讼请求。

法院认为赵某依《民法通则》的相关规定属于限制民事行为能力人,可以进行与其年龄、智力相适应的民事活动,其他民事活动要由法定代理人代理,业主大会的决议是要求每个业主都遵守的,不能只让业主承担相应的民事行为结果而不允许参与民事行为。法院经审理认为原告的诉讼请求符合公平原则且有法可依,故判决原告有参与业主大会的权利,即有投票权。

分析:我国《民法通则》规定,按照年龄智力和精神状态,将自然人的民事行为能力分为完全民事行为能力、限制民事行为能力和无民事行为能力三类。自然人的民事行为能力是指自然人能以自己的行为取得民事权利、承担民事义务的资格。公民的民事行为能力通常包括以下内容:公民以自己的行为获得民事权利、承担民事义务的能力,公民以自己的行为获得处分其财产的能力和承担财产责任的能力。

本案中该业主不满18周岁，属于限制民事行为能力人。因此，他参加业主大会的民事权利要由其法定代理人代理行使，即由其监护人(父母)作为代表参加业主大会，并参加投票。

特别提示

考证要点：《条例》第八条、第十二条、第十三条、第十四条、第十八条。

拓展提高

《物权法》第七十五条、第七十八条；《业主大会和业主委员会指导规则》中的第二条、第十九条、第二十一条、第二十二条、第三十条；《城市居民委员会组织法》中的第二条、第三条。

思考练习

一、填空题

1. 业主大会应当有物业管理区域内专有部分占建筑物总面积________的业主且占总人数________的业主参加。
2. 业主大会或业主委员会的决定对业主具有________力。
3. 业主大会或业主委员会作出的决定侵害了业主的合法权益时，受侵害的业主可以请求人民法院予以________。
4. 业主大会会议分为________和________。

二、选择题

1. 经(　　)以上的业主提议，业主委员会应当组织召开业主大会临时会议。
   A. 10%　　B. 20%　　C. 30%　　D. 50%
2. 业主大会决定《条例》第十一条第五款和第六款规定的事项，应当经专有部分占建筑物总面积(　　)以上的业主且占总人数(　　)以上的业主同意。
   A. 1/2　1/2　　B. 1/2　2/3　　C. 2/3　2/3　　D. 2/3　1/2
3. 召开业主大会会议，应当于会议召开(　　)日以前通知全体业主。
   A. 10　　B. 12　　C. 20　　D. 15
4. (　　)内全体业主组成业主大会。
   A. 小区　　B. 物业管理区域　　C. 一栋楼　　D. 一个单元
5. 业主参加业主大会的方式既包括亲自参加的方式，也包括委托(　　)参加的方式。
   A. 业委会　　B. 居委会　　C. 法人　　D. 代理人

三、简答题

业主大会的会议类型及启动方式是什么？

学习任务3 物业管理区域的划分及业主大会成立方式

任务概述

本任务主要实现对《条例》第九条、第十条中有关“物业管理区域的划分”及“业主大会成立方式”等知识点的掌握。通过学习，明确划分好物业管理区域是业主大会成立和从事物业管理的前提条件。了解同一个物业管理区域内，有一个、几个或多个业主时，业主大会成立或体现形式存在差异。理解以上内容有利于从业者顺利开展工作。

任务目标

- 能理解并掌握划分物业管理区域时需考虑的因素
- 能明确同一个物业管理区域内存在不同数量的业主时，业主大会成立或体现形式存在差异

学习内容

一、物业管理区域的划分

《条例》第九条规定：“一个物业管理区域成立一个业主大会。物业管理区域的划分应当考虑物业的共用设施设备、建筑物规模、社区建设等因素。具体办法由省、自治区、直辖市制定。”

在一个物业管理区域内，由于物业共用部位、共用设施设备和相关场地在构造和权利归属上的整体性，只能成立一个业主大会。

图 2—4 业主大会有权解聘物业公司

目前，我国绝大多数物业，特别是新物业，都有规划、国土等部门的批准文件，其占用土地的四至界线是明确的，附属设施设备的产权是清晰的，一般情况下不需要再划分物业管理区域。但有些原来建造的旧住宅，其共用设施设备的产权不明晰，实施物业管理时，容易带来维修、养护责任不明确的问题；还有过去零星插建的旧住宅或其他房屋，其设施设备与紧邻的其他物业关联性很强，若单独实施物业管理，不是侵占相邻物业业主的利益，就是成本太高，浪费资源，难以运转。鉴于以上情况，在推进物业管理的过程中，需要政府有关部门依据实际情况，制定划分物业管理区域的办法。

由于我国不同地区物业管理的发展水平差异很大，《条例》不宜对物业管理区域作出

统一具体的规定，而是由省、自治区、直辖市规定具体办法。例如《武汉市物业管理条例》第五条明确规定：物业管理区域的划分，应当遵循相对集中、便于管理的原则，并考虑物业共用设施设备、建筑物规模、社区建设等因素，按照下列标准执行：

(1)以建设项目《国有土地使用证》宗地图用地范围线为准，一个项目视为一个物业管理区域；但规模过大、划分为一个物业管理区域不便于管理的，或者已分割成多个自然街坊或者封闭小区的，可以分别划分为独立的物业管理区域。

(2)分期建设项目或者两个以上单位开发建设的项目，其配套设施设备共用的，划分为一个物业管理区域。

(3)已建成、共用设施设备比较齐全、相对集中的项目，划分为一个物业管理区域。

房管局在划分物业管理区域时，如果不考虑共用设施设备的使用、维护等因素，可能造成不同区域的业主的权利义务不一致，会对业主的合法权益造成损害。

案例分析

概述：武汉某开发公司将竞拍的120亩商业用地规划为两期分别开发。先期40亩于2008年6月开发完成，业主随即入住，并于2009年8月成立了业主委员会，选聘了物业服务企业，住宅物业费每平方米0.8元。

2010年9月二期开发项目竣工，为便于管理，开发商将二期开发的住宅小区的大门砌墙封闭，拆除两个小区间的围墙，将本来规划的两个住宅小区合二为一进行物业管理。其理由是两个小区规模不大，由同一个开发商开发，共用一个泵房。物业管理收费标准统一调整为住宅每平方米0.7元。一期部分业主对此表示不满，于是到房管部门投诉。

分析：这是一起有关物业管理区域划分的纠纷。就本案来看，两个小区规模不大，由一个开发公司开发，在一个《国有土地使用证》宗地图用地范围线内，且存在配套设备共用现象，将二者合并为一个物业管理区域符合相关法律的规定，且有益于减轻业主的经济负担，有益于物业企业降低物业管理成本。对此，武汉市房管部门依据《条例》第九条的有关规定，并结合《武汉市物业管理条例》第五条的规定作出以下决定：基本同意开发商将两个小区合二为一进行物业管理的做法，但在调整物业管理区划时，应事先与业主沟通，征得广大业主的理解，避免产生纠纷。

二、业主大会的特征和成立

1. 业主大会的含义及特征

业主大会是指由物业管理区域内的全体业主组成，或者业主人数较多时，由一定的业主代表组成，代表和维护物业管理区域内全体业主的公共利益，行使业主对物业管理的自治权的自治机构。业主大会是基于方便物业管理、提高管理效率的需要而产生的，其成立的法律依据是《条例》的规定。

业主大会的成员只能是物业管理区域内的业主，物业的占有人或使用人都不能成为业主大会的成员。

2. 业主大会的特征

(1)业主大会具有自治性。业主大会是自治性的组织，其成员是对物业依法享有所有权的人，进行的一切活动均为自我服务、自我管理、自我协商、自我约束。业主大会对内基于维护物业整体利益的需要而从事活动，不受外界人员的任何非法干预；对外基于其性质和宗旨，不得组织和从事与物业无关的其他活动。

(2)业主大会具有民主性。业主大会的成员为所有的业主，全体业主在业主大会中的法律地位是平等的。在业主大会会议的召开过程中，任何一个业主均有发表与物业管理有关的建议、看法和意见的权利。

(3)业主大会具有代表性。业主大会所进行的一切行为和活动都代表着全体业主的合法权益；业主大会所作出的一切决议、制定的所有规章制度都是全体业主利益的反映。

(4)业主大会具有公益性。业主大会是为全体业主整体利益服务的组织，其行为和活动有时可能与个别业主的利益冲突，但只要符合全体业主的公共利益，就应得到业主的支持和维护。

3. 业主大会的成立

《条例》第十条规定："同一个物业管理区域内的业主，应当在物业所在地的区、县人民政府房地产行政主管部门或者街道办事处、乡镇人民政府的指导下成立业主大会，并选举产生业主委员会。但是，只有一个业主的，或者业主人数较少且经全体业主一致同意，决定不成立业主大会的，由业主共同履行业主大会、业主委员会职责。"

上述规定可分以下四个层次进行理解：

(1)业主大会成立的主体是业主，而不强制要求必须由建设单位、物业服务企业或者政府房地产行政主管部门组织。

(2)成立业主大会并非业主唯一可以选择的自我管理的形式，在只有一个业主或者业主人数较少的情况下，业主完全可以自行或者通过全体协商的方式对共同事项作出决定，没有必要成立业主大会。

(3)业主大会的成立应当接受物业所在地的区、县人民政府房地产行政主管部门或者街道办事处、乡镇人民政府的指导。这主要是因为物业管理在我国属于新兴行业，业主的自治能力及成立业主大会的经验明显不足。在此种情形下，行政机关的指导和监督显得较为重要。根据业主大会的自治性质，这种指导与监督不是业主大会成立及业主委员会选举成立的必备要件。只是在成立过程中，如果确有需要或者出现违反法律强制性规定的情形，这些法定的行政机关才有"指导"的必要。反之，如果理解为这些行政机关的指导与监督是业主大会及业主委员会成立的必备要件，则会与业主大会和物业管理的性质严重不符。

(4)业主大会成立时应当选举产生业主委员会。

案例分析

概述：某市新荷住宅小区于2004年7月1日由业主王某、赵某等7人成立了业主委员会筹备小组，9天后召开业主代表预备会议，商讨成立业主委员会的有关事宜及确定首届业主大会会议的时间和地点，并以筹备小组的名义向该市房管局发出邀请函，请其前来参加首届业主大会会议并对成立业主委员会予以指导。

当月25日小区召开业主大会会议，但该市房管局没有派人参加，大会特邀了几位著名律师进行监督，并见证相关会务工作。会议通过了《业主委员会章程》《业主公约》等相关事项，选举并组成了以张某为主任的业主委员会。2004年8月10日业主委员会将选举成立业主委员会的相关资料送达该市房管局备案，但该市房管局最终决定不予备案，理由是“新荷小区尚不具备成立业主大会和业主委员会的条件，且易造成对后期入住业主权益的侵害”。后经业主委员会申请行政复议，又经过行政诉讼程序，该市房管局的决定被撤销。

分析：本案的争议焦点是业主大会与业主委员会的成立条件。

首先，业主大会是业主自主成立、代表全体业主的自治组织，它遵循司法当事人意思自治的原则，即只要不违背强制法的规定即可。而业主委员会作为业主大会的执行机构和常设机构，也遵循同样的原则。本案中，业主委员会按照法定程序和要求召开业主大会会议，因此选举产生业主委员会之时业主大会即合法成立。而在新荷小区的业主大会及业主委员会自主成立并没有明显违反强制法规定的情形下，该市房管局认定新荷小区不具备法定条件而不予备案是错误的。

其次，作为法定监督与指导的行政机关，该市房管局的参与并不是业主大会与业主委员会成立的必备条件，即只要新荷小区业主大会和业主委员会的成立没有违反强制法的情形，即使没有监督与指导机关的参与，也不能被认定违法。

特别提示

考证要点：《条例》第九条、第十条。

拓展提高

《业主大会和业主委员会指导规则》第七条、第八条、第九条、第十条、第十一条、第十二条、第十三条、第十四条、第十五条。

思考练习

一、填空题

1. 物业管理区域的划分应当考虑物业的________、________、________等因素。
2. 只有一个业主的，或者业主人数较少且经全体业主一致同意，决定不成立业主大会的，由________共同履行业主大会、业主委员会职责。
3. 业主的投票权数由专有部分面积和________确定。

4. 筹备组应当自组成之日起________日内完成筹备工作，组织召开首次业主大会会议。

5. 物业管理区域内，已交付的专有部分面积超过建筑物总面积________时，建设单位应当按照物业所在地的区、县房地产行政主管部门或者街道办事处、乡镇人民政府的要求，及时报送筹备首次业主大会会议所需的文件资料。

二、选择题

1.《条例》规定，是否成立业主大会由(　　)决定。

A. 物业管理区域内的全体业主委员

B. 物业管理区域内的全体业主

C. 建设单位

D. 业主委员会开会商议

2. 同一个物业管理区域内的业主，应当在所在地的(　　)的指导下成立业主大会，并选举产生业主委员会。

A. 区、县人民政府房地产行政主管部门、街道办事处

B. 区、县人民政府、乡镇人民政府

C. 街道办事处、乡镇人民政府

D. 区、县人民政府房地产行政主管部门或街道办事处、乡镇人民政府

3. 一个物业管理区域内只有一个业主的，应由(　　)履行业主委员会职责。

A. 业主所在街道办事处　　B. 该业主

C. 所在居民委员会　　D. 物业管理公司

4. 物业管理区域的划分应当考虑物业的(　　)等因素。

A. 共用设施设备　　B. 建筑物规模

C. 社区建设　　D. 共用设施设备、建筑物规模、社区建设

5. 符合成立业主大会条件的，区、县房地产行政主管部门或者街道办事处、乡镇人民政府应当在收到业主提出筹备业主大会书面申请后(　　)日内，负责组织、指导成立首次业主大会会议筹备组。

A. 15　　B. 20　　C. 30　　D. 60

三、简答题

业主大会的成立方式是什么？

学习任务4 业主共同决定事项及管理规约

任务概述

房屋的所有权人为业主，业主是建筑区划内的主人。根据《条例》的规定，只要是建筑区划内的业主，就有权参加业主大会，行使业主的权利，共同决定有关重要事项。同时为了更好地维护业主的合法权利，《条例》还规定，全体业主可以共同制定“管理规约”这一自律性规范。作为未来的物业管理工作人员，应当明确业主的共同决定事项有哪些，还应明确《条例》关于管理规约的相关规定，以便更好地开展物业管理工作。

任务目标

- 能正确理解并熟练掌握《条例》中有关业主共同决定事项的知识，以便更好地维护业主的合法权利
- 能够了解《条例》中有关管理规约的规定

学习内容

一、业主共同决定事项

业主大会的职责是物业管理法确认的业主大会对其所辖的职责范围内的自治事务的支配权限。根据《条例》第十一条的规定，业主大会应当履行下列职责：

（1）制定、修改管理规约和业主大会议事规则。管理规约和业主大会议事规则是业主自治管理的规约，一般以特定业主集体的名义，由业主大会依据一定的程序进行制定、修改、补充和废止。

（2）选举业主委员会或者更换业主委员会成员，监督业主委员会的工作。选举业主委员会是业主大会的一项重要职权，只有选择公正、无私且具有服务奉献精神的业主为业主委员会的成员，才能真正维护业主的合法权益。业主大会有权更换业主委员会的组成人员，通常是在首次业主大会会议上和换届时进行。个别委员不称职或有损全体业主的利益时，业主大会有权根据规定程序予以更换或罢免。业主委员会作为业主大会的常设机构，有权行使物业管理自治权，但有义务向业主大会报告行使职权的情况，并接受业主大会的监督、审核和评议。

（3）选聘、解聘物业服务企业。物业服务企业直接涉及广大业主的合法权益，它与业主基于合同关系进行管理，而物业服务企业的选聘、续聘和解聘等事项亦由业主大会来决定。通常具体物业服务合同的订立、变更和解除等由业主大会授权业主委员会进行。

（4）决定专项维修资金的筹集、使用方案，并监督实施。根据《条例》第五十三条、第五

十四条的规定，住宅物业、住宅小区内的非住宅物业或者与单幢住宅楼结构相连的非住宅物业的业主，应当按照国家有关规定交纳专项维修资金。专项维修资金属于业主所有，专项用于物业保修期满后物业共用部位、共用设施设备的维修和更新、改造，不得挪作他用，具体管理应坚持专户存款、专款专用、按栋设账、核算到户的原则。利用物业共用部位、共用设施设备进行经营的，应当在征得相关业主、业主大会、物业服务企业的同意后，按照规定办理有关手续。业主所得的收益应当主要用于补充专项维修资金，也可以按照业主大会的决定办理。

(5)制定、修改物业管理区域内物业共用部位和共用设施设备的使用以及公共秩序和环境卫生的维护等方面的规章制度。

(6)法律、法规或者业主大会议事规则规定的其他有关物业管理的职责。根据《区分所有权司法解释》的规定，以下四种应当认定为“有关共有和共同管理权利的其他重大事项”：一是改变共有部分的用途；二是利用共有部分从事经营性活动；三是处分共有部分；四是业主大会依法决定或者根据管理规约确定应由业主共同决定的事项。

案例分析

概述：王女士用多年的积蓄在长湖苑小区购买了一套住宅，该小区算得上是高档住宅区。最近小区要召开业主大会会议，大家都很兴奋。可问题是，大家虽然都住在这个小区，可是却不知道彼此有哪些共同的权利。带着这个疑问，大家一起来到物业管理办公室，咨询了物业管理人员后他们才知道，原来他们共同行使的权利有很多。

图 2—5　业主大会正式召开

分析：生活中，像该案例里面的这种情况随处可见。很多人只知道买了一套房子，他就是所有权人，是房子的合法主人，可是却不知道自己除此之外还有哪些权利，对于居住的小区他们应尽哪些义务。作为物业服务人员，应给予明确告知。案例中的王女士及邻居们在了解了他们的权利后，高兴地参加了业主大会会议。如图2—5所示。

二、管理规约

1. 管理规约的定义

管理规约是由全体业主共同制定的，规定业主在物业管理区域内有关物业使用、维护、管理等涉及业主共同利益的事项，是对全体业主具有普遍约束力的自律性规范。一般以书面形式订立，其地位和作用相当于业主团体的“宪法”。

《条例》第十七条明确规定：“管理规约应当对有关物业的使用、维护、管理，业主的共同利益，业主应当履行的义务，违反管理规约应当承担的责任等事项依法作出约定。管理规约应当尊重社会公德，不得违反法律、法规或者损害社会公共利益。管理规约对全体业主具有约束力。”

2. 管理规约的法律特征

(1)业主意思高度自治。关于管理规约，国家一般只作原则性的规定，具体内容由业主自行商定，约定的义务由全体业主自觉履行。管理规约是业主约定彼此之间相互关系的一种民事协定，集中反映了全体业主的意思表示。只要不违反国家法律的强制性规定，不损害社会公共利益和社会公德，不损害区分所有权人的利益，便可产生法律上的约束力。可见，管理规约实质上是民法中的私法自治原则在物业管理活动中的体现。

(2)订立、变更程序严格。因为管理规约是全体业主的意思表示，且与全体业主有共同的利害关系，所以应当在全体业主自愿和充分协商的基础上，依照法律规定或全体业主的意愿来订立或变更。管理规约无论是订立还是变更，都必须通过业主大会按照严格的程序进行，并以书面形式形成。未经业主大会讨论通过，任何对管理规约的变更或补充均对业主不发生效力。

(3)业主自己执行。管理规约是全体业主的内部约束，对非业主并不发生任何法律效力，故管理规约完全依靠业主自己自觉遵守和执行，无须国家强制实施。当然，在司法实践中，有的管理规约采取了物业管理公约的形式，其内容涉及物业的开发商及物业管理公司等。在此情况下，物业管理公约不仅对业主具有约束力，对开发商及物业管理公司亦有约束力。此外，还应当注意，管理规约是全体业主共同承诺的在物业管理区域内应当遵守的行为准则及物业管理内部组织机构的共同承诺，对全体业主具有同等约束力，所有业主一律平等地享有权利、履行义务。一般情况下，管理规约应当以书面形式向全体业主公开。可见，其是由各区分所有权人共同签署的小区行为规范性文件，对全体业主及物业使用人都具有约束力。

(4)管理规约的合法性。管理规约虽为全体业主在共同协商的基础上达成的一种仅对该物业内部成员有约束力的自治性协议，但这种协议必须符合法律、法规及有关政策的规定和土地使用出让合同的规定。因此，实践中管理规约订立的程序、具体内容等都必须遵守国家法律、法规及相关政策。

管理规约与物业管理合同关系密切。就物业管理的内容而言，基本可以划分为两大类，一是物业管理人员对建筑物的构成部分、附属部分进行维修保养，以使其保持正常的使用功能，例如机电设备保养、大厦外墙定期保养等。二是维护小区内的正常工作、生活秩序，这一功能必须通过对小区内专有部分所有权人、区分所有权人及使用权人的约束实现。例如，要维持良好的绿化环境，物业管理人员除定期保养花草外，还必须倡导小区内的所有居民爱护花草，并用一定的惩罚措施来约束小区内的居民。

3. 管理规约应当规范的事项

(1)物业的使用、维护、管理；

(2)专项维修资金的筹集、管理和使用；

(3)物业共用部分的经营与收益分配；

(4)业主共同利益的维护；

(5)业主共同管理权的行使；

(6)业主应尽的义务;

(7)违反管理规约应当承担的责任。(参考《业主大会和业主委员会指导规则》第十八条)

4.管理规约的主要内容、修改和约束力

(1)管理规约的主要内容:①物业的使用、维护、管理;②专项维修资金的筹集、管理和使用;③物业共用部分的经营与收益分配;④业主共同利益的维护;⑤业主共同管理权的行使;⑥业主应尽的义务;⑦违反管理规约应当承担的责任。其中对于违反管理规约的行为应当承担的责任,可以通过协商约定,但是应遵守社会公德,不得违反法律、法规或者损害社会公共利益。例如,可以约定通过协商的方式解决,也可以约定通过业主大会或者业主委员会要求行为人停止侵害、消除危险、赔偿损失。另外,业主对侵害自己合法权益的行为,可以依法向人民法院提起诉讼。

(2)管理规约的修改。管理规约属于业主大会的特殊决定,适用"绝对多数同意方式",即必须经物业管理区域内全体业主所持投票权 2/3 以上通过,方能有效。管理规约的修改也必须经物业管理区域内全体业主所持投票权 2/3 以上通过,方能有效。

(3)管理规约的约束力。管理规约对全体业主具有约束力,即使少部分业主在制定或表决的时候表示反对,对于通过生效的管理规约也必须遵守。否则,要承担约定或法定的责任。

案例分析

概述:家住嘉兴湖畔小区的孙大爷搬到新家两个多月了,本来一直很舒服,可是最近他家对面的房子装修,从早上 7 点一直干到晚上 7 点,噪音很大,吵得孙大爷一家不得安宁,于是孙大爷来找物业办公室的小张让他帮着解决一下。小张听完后,跟孙大爷说一定会帮他解决。

图 2-6 运用管理规约解决矛盾纠纷

分析:作为物业服务人员,经常会碰到一些业主解决不了的问题,那么小张会怎么解决呢?最简单而且最有效的办法就是运用管理规约来规范业主的行为,告知业主管理规约规定的相关权利和义务以及违反"规约"应承担的责任。按照这种办法,小张第二天就很好地解决了孙大爷遇到的问题。如图 2-6 所示。

特别提示

1.技巧:对于本部分内容,最好通过角色转换、寻找跟班实习的机会来理解、掌握。

2.考证要点:《条例》第十一条、第十七条。

拓展提高

1.《业主大会和业主委员会指导规则》第十八条、第十九条。

2.《物权法》第七十六条、第七十九条至第八十二条。

思考练习

一、填空题

1. 选聘和解聘物业服务企业，应当经专有部分占建筑物总面积________的业主且占总人数________的业主同意。

2.《条例》第十七条规定，管理规约对________具有约束力。

3. 筹集和使用建筑物及其附属设施的维修资金，应当经专有部分占建筑物总面积________以上的业主且占总人数________以上的业主同意。

二、选择题

1. 下列事项中，哪些应当由业主共同决定(　　)。

A. 制定和修改业主大会议事规则

B. 制定和修改管理规约

C. 选聘和解聘物业服务企业

D. 改建、重建建筑物及其附属设施

2. 管理规约应当对哪些事项依法作出约定(　　)。

A. 物业的使用、维护、管理　　B. 业主的共同利益

C. 业主应当履行的义务　　D. 违反管理规约应当承担的责任

3. 根据《条例》第十二条的规定，应当经专有部分占建筑物总面积三分之二以上的业主且占总人数三分之二以上的业主同意的事项有(　　)。

A. 选择业主委员会或者更换业主委员会成员

B. 选聘和解聘物业服务企业

C. 筹集和使用建筑物及其附属设施的维修资金

D. 改建、重建建筑物及其附属设施

4. 管理规约是由(　　)共同制定。

A. 过半数的业主　　B. 全体业主

C. 三分之二的业主　　D 物业服务企业

三、简答题

根据《条例》的有关规定，由业主共同决定的事项有哪些？

学习任务5 业主委员会

任务概述

业主委员会是物业管理活动得以展开和正常进行的一个极其重要的常设机构，更是物业管理公司与业主间的桥梁和纽带。所以，清楚了解业主委员会的性质、职责以及备案制度和成员资格，不仅有利于物业服务企业顺利开展工作，更有利于物业服务企业搞好与广大业主之间的关系。本任务的要求主要通过学习《条例》第十五条、第十六条来实现。一个没有业主委员会的居民小区，业主的权利很难得到物业公司的重视。如图2—7所示。

图2—7 物业管理公司与业主委员会

任务目标

- 能够理解业主委员会的性质，掌握业主委员会应履行的职责
- 能大致了解业主委员会的登记制度以及成为业主委员会委员需具备的资格

学习内容

一、业主委员会的性质、特征和职责

1.业主委员会的性质和特征

(1)业主委员会的性质

①业主委员会是业主大会的执行机构，是经业主大会选举产生并经房地产行政主管部门登记，在物业管理活动中代表和维护全体业主合法权益的组织。

②业主委员会是一个物业管理区域内长期存在的、代表业主行使自治管理权的机构，是业主自我管理、自我教育、自我服务，实行集体事务民主制度，办理本辖区涉及物业管理公共事务和公益事业的社会性自治组织。

③业主委员会由业主大会选举产生，统一开展自治权限范围内的各项物业管理工作，但必须对业主大会负责并报告工作，处于从属于业主大会的法律地位。

(2)业主委员会的特征。与其他自治性组织比较而言，业主委员会具有以下法律特征：

①业主委员会是由业主大会选举产生的。根据《条例》的有关规定，业主委员会是业主大会的常设机构和执行机构，其行为应向业主大会负责。业主委员会必须反映全体业主中绝大多数人的意见，故业主委员会的委员应由业主大会选举产生。

②业主委员会的活动以对物业的自治管理为限。业主委员会设立的目的是使广大业主的自治管理权能够得到正常行使，并及时了解和统一业主的不同意见和建议。基于这一目的，业主委员会的所有活动必须以对物业的自治管理为限。除签订物业服务合同外，业主委员会不能进行和从事与物业管理活动无关的任何经营性或非经营性活动。

③业主委员会的根本任务是代表和维护全体业主的合法权益。业主委员会代表全体业主的意思表示，其行为向全体业主负责，维护的也是全体业主的合法权益。因此，业主委员会不是代表和维护部分业主，特别是大业主的意志和利益，更不是部分小业主的意志和利益。需要注意的是，业主委员会维护的只能是业主的合法权益，不能因为业主委员会的组成人员均为业主，其行为和活动通常都涉及业主的自身利益，便从事超越法律、法规和政策以及损害他人合法权益的行为。

④业主委员会必须办理备案手续。业主委员会虽为自治性的组织，但并非自立的闲散组织，其有具体的法定职责和法律地位。为了规范业主委员会，使其更好地为全体业主服务，依据《条例》及相关规定，业主委员会应当自产生之日起 30 日内，将业主大会的成立情况、业主大会议事规则、管理规约及业主委员会委员的名单等材料向物业所在地的区、县人民政府房地产行政主管部门和街道办事处、乡镇人民政府备案。

2. 业主委员会的职责

依照《条例》第十五条的规定，业主委员会执行业主大会的决定事项，履行下列职责：

(1)召集业主大会会议，报告物业管理的实施情况。除首次业主大会会议外，业主大会会议每年至少召开一次。而每年度召开业主大会会议时，业主委员会应当于会议召开 15 日以前，将业主大会召开会议的时间、地点、内容、方式以及其他事项予以公告或者送达每位业主。如果是住宅小区的业主大会会议，业主委员会还应当同时告知相关的居民委员会，以接受居民委员会的指导。会议由业主委员会筹备、召开和主持。会议期间，业主委员会应当向业主大会报告本物业管理区域内物业管理的实施情况，并做好业主大会会议记录，以备查阅。实践中还有一些特殊情况，如发生重大事故或紧急情况需要及时作出处理的，业主委员会有权依照有关规定召开业主大会临时会议。

(2)代表业主与业主大会选聘的物业服务企业签订物业服务合同。选聘、续聘及解聘物业服务企业是业主大会的职责，但选聘、续聘及解聘物业服务企业合同的签订，则是由业主委员会代表业主来完成的。当然，业主委员会在签订所有与物业服务有关的合同时，必须代表和维护全体业主的合法权益，不得利用业主委员会的便利条件损害业主的利益。

(3)及时了解业主、物业使用人的意见和建议，监督和协助物业服务企业履行服务合同。业主委员会应当根据物业服务合同的规定，并结合物业服务企业的年度计划，除在业主大会会议上听取业主及相关部门的意见外，在日常工作中亦应广泛听取和了解广大业主及物业使用人的意见和建议，监督、检查物业服务企业的工作落实情况，并审核物业服务企业的各种年度报告。尤其是要严格依照合同的约定，监督物业服务企业履行物业服务合同中的各项义务。同时,也要对广大业主做好宣传教育工作,使每一位业主都能严格按照合同的要求履行各自的义务。

(4)监督管理规约的实施。管理规约是由业主大会制定的,但实施、修改及补充则是业主委员会的一项主要任务,尤其是对管理规约的实施负有监督的职责。

(5)业主大会赋予的其他职责。业主委员会除上述职责外,还负有业主大会赋予的其他职责,主要包括:

①反映职责,即业主委员会在遵守国家有关物业管理法律、法规及相关政策的前提下,有权依照物业服务合同的约定并根据本物业管理区域内的实际情况,向业主大会提出有关业主共同事务的建议,向物业服务企业以及物业管理行政主管部门和有关机关、单位及时反映业主的意愿、意见和建议,并有权对管理规约和业主委员会的章程进行修改和补充,但修改和补充的条款必须经过业主大会的审议方可生效。

②管理职责,即代表全体业主负责辖区内物业附属部分及居住环境的统一管理;负责物业附属部分的收益、专用资金、办公经费及活动经费的使用和管理;负责其他与物业管理有关的合同的订立和管理等。

③审核职责,即根据业主大会的授权,审议决定无须提交业主大会表决通过的事项,审议物业管理服务费的收费标准及事项,物业服务年度计划,财务预算、决算,专项维修资金的筹集、使用和管理等。

④执行职责,即代表全体业主执行业主大会的决议和业主委员会的决议;负责实施自治管理的有关制度和措施;向全体业主公开业主委员会的工作报告、会计报告、结算报告及其他管理事项;协助有关主管部门和机关做好本区域内的行政管理工作及社区文明工作等。

⑤监督职责,即业主委员会监督物业服务企业的工作;监督合同的履行情况;制止任何损害业主权益的活动和行为等。

⑥调解职责,即调解物业服务活动中的各种纠纷,包括前期物业服务纠纷、物业使用纠纷、物业维修养护纠纷等。凡涉及物业服务纠纷的诉讼,业主委员会应代表全体业主独立参与诉讼活动,并独立充当原告或被告。

案例分析

概述:2010 年 4 月 14 日,某市荣成小区成立了业主委员会,并经该市房管局备案。同年 5 月 22 日上午,业主委员会召集小区内的业主开业主大会会议。由于小区内有住户 160 户,但到会的只有 20 余户,于是业主大会会议改为业主座谈会。会上业主委员会提出:小区与物业公司签订的合同于 2010 年 5 月 31 日到期,物业公司要撤出小区,又因为小区入住率低,其他物业公司不愿接管,所以业主委员会研究决定小区从 6 月 1 日开始实行自治管理,暂时先聘请原来的几位同志,试用 3～6 个月,小区自治管理由业主委员会来承担责任。于是业主委员会于 6 月 1 日起向业主收取物业管理费,但业主张某拒交,于是业主委员会作为原告向法院提起诉讼,请求业主张某支付物业费 2 300 元,最终法院驳回了小区业主委员会的请求。

分析：本案的争议焦点是业主委员会擅自决定选聘、解聘物业服务企业是否违法。根据《条例》第十五条的规定，对物业公司的选聘、解聘事宜属于业主大会职责范围内的事项，因此应当由业主委员会主持召开业主大会作出决定，然后由业主委员会执行。但业主委员会竟然未经业主大会批准，就直接决定了选聘、解聘物业服务企业等事项，并据此向业主收取物业管理费。此种做法显然越权，违反了《条例》的强制性规定，最终败诉。

二、业主委员会的规格要求

依据《条例》的规定，同一个物业管理区域内的业主，应当在物业所在地的区、县人民政府房地产行政主管部门或者街道办事处、乡镇人民政府的指导下成立业主大会，并选举产生业主委员会。根据物业管理区域内物业规模的大小，通常情况下业主委员会的委员可设 5～11 人，可由业主大会决定适当增减，但最低不得少于 5 人。

为了更好地发挥业主委员会的作用，业主委员会内部必须建立一定的组织机构。依据《业主大会规程》的规定，业主委员会应当自选举产生之日起 3 日内召开首次业主委员会会议，推选业主委员会主任 1 人，副主任 1～2 人。

三、业主委员会的登记备案制度及成员资格

1. 业主委员会的登记备案制度

《条例》第十六条规定："业主委员会应当自选举产生之日起 30 日内，向物业所在地的区、县人民政府房地产行政主管部门和街道办事处、乡镇人民政府备案。"

2. 业主委员会委员的资格

《条例》第十六条规定："业主委员会委员应当由热心公益事业、责任心强、具有一定组织能力的业主担任。业主委员会主任、副主任在业主委员会成员中推选产生。"

业主委员会由业主大会会议选举产生，由 5～11 人单数组成。业主委员会的委员应当是物业管理区域内的业主，并符合下列条件：

(1)具有完全民事行为能力；

(2)遵守国家有关法律、法规；

(3)遵守业主大会议事规则、管理规约，模范履行业主义务；

(4)热心公益事业，责任心强，公正廉洁；

(5)具有一定的组织能力；

(6)具备必要的工作时间。

四、业主委员会的换届及权利义务

1. 业主委员会的换届

为了充分发挥和调动业主委员会的积极性，依据有关规定，业主委员会任期届满前 3 个月，应当召开业主大会会议，进行业主委员会的换届选举；逾期未换届的，房地产行政主管部门可以指派工作人员指导其换届工作。原业主委员会应当自任期届满之日起 10 日内，将保管的档案资料、印章及其他属于业主大会所有的财物移交给新一届业主委员会，并做好交接手续。

经业主委员会或者20%以上业主提议，认为有必要变更业主委员会委员的，由业主大会会议作出决定，并以书面形式在物业管理区域内公告。业主委员会委员有下列情形之一的，经业主大会会议通过，可终止其业主委员会委员的资格：

(1)因物业转让、灭失等原因丧失业主资格的；

(2)无故缺席业主委员会会议连续3次以上的；

(3)因疾病等原因丧失履行职责能力的；

(4)有犯罪行为的；

(5)以书面形式向业主大会提出辞呈的；

(6)拒不履行业主义务的；

(7)其他原因不宜担任业主委员会委员的。

业主委员会委员资格因故终止的，应当自终止之日起3日内将保管的档案、资料、印章及其他属于业主大会所有的财物移交给业主委员会。

2.业主委员会委员的权利和义务

业主委员会产生后，业主委员会的每一位委员均享有以下权利：①在业主委员会内享有选举权、被选举权、表决权；②对业主委员会的有关事项享有参与、发表意见和决策的权利；③对业主委员会组织的有关活动依法享有参加权；④对业主委员会的工作有建议和批评权；⑤对业主委员会及负责人的行为和活动享有监督权。

业主委员会委员在享有上述权利的同时，必须履行以下义务：①遵守业主委员会章程；②执行业主委员会的各项决定和任务；③严格履行职责；④积极、主动地参加业主委员会的各项活动；⑤在丧失委员资格后，应妥善移交有关档案资料。

案例分析

概述：在小区开发公司不知情和没有依法成立首次业主大会会议筹备组的情况下，某市光明小区部分业主以首次业主大会会议筹备组的名义，于2001年7月先后通过了小区业主委员会委员选举办法和议事规则等决议。之后，在首次业主大会会议书面征求意见并进行表决后，得出结果：本小区已居住240户，建筑面积3.1万平方米，其中同意议事规则的为146户，且同意者房屋建筑面积为1.9万平方米。于是业主委员会填写了备案表，相关居委会、镇政府、市房管局也分别在备案机关意见上签章同意。后被该小区开发公司发现并向当地法院提起诉讼，要求相关单位撤销该备案。

分析：本案的争议焦点为房管局的备案登记是否合法。

本案中，业主委员会提交了首次业主大会会议的表决结果，但是没有相关权威证据佐证，如建筑面积没有房屋登记部门的产权证佐证。因此，除业主外，对大会投票结果及是否为业主参与、当选都无从判断；且首次业主大会会议筹备组会议没有召开，筹备组业主代表的名单也未能按照《业主大会和业主委员会指导规则》第十一条的规定进行公告。依据《业主大会和业主委员会指导规则》第六条的规定，备案登记机关对业主委员会负有监督、指导职责，对业主委员会的备案登记也具有核实审查职责，但是市房管局在备案登记时，没有很好地履行这一职责，存在瑕疵，故该备案依法应当撤销。

拓展提高

《业主大会和业主委员会指导规则》第三十一条、第三十五条、第四十四条。

思考练习

一、填空题

1. 业主委员会的主任、副主任是业主委员会的________。
2. 召开首次业主委员会会议应推选产生业主委员会主任________人，副主任1～2人。
3. 业主委员会是________的执行机构。
4. 业主委员会应当接受________的监督管理。
5. 业主委员会委员应当由________的业主担任。

二、选择题

1. 业主委员会是业主大会的(　　)。

   A. 组织机构　　B. 权力机构　　C. 自治管理机构　　D. 执行机构

2. 根据《条例》的规定，应由(　　)负责召开业主大会会议。

   A. 业主委员会　　B. 业主委员会主任

   C. 物业服务企业　　D. 业主代表

3. 业主委员会应当由(　　)业主组成。

   A. 5名　　B. 双数　　C. 单数　　D. 11名

4. 业主委员会应当自选举产生之日起30日内，向物业所在地的(　　)备案。

   A. 区、县房地产行政主管部门

   B. 街道办事处、乡镇人民政府

   C. 区、县房地产行政主管部门和街道办事处、乡镇人民政府

   D. 政府社团登记部门

5. 以下说法不正确的是(　　)。

   A. 业主委员会由业主大会选举产生

   B. 业主委员会负责向业主大会报告工作

   C. 业主委员会应由完全民事行为能力人组成

   D. 业主大会受业主委员会管理

三、简单题

业主委员会应履行哪些职责？

学习任务6 业主组织的职责限制及与相关单位的关系

任务概述

业主大会和业主委员会成立和存在的目的是维护物业区域内全体业主的公共利益,行使业主的自治管理权限,故不得滥用职权;而且两者和居委会一起还是与其他政府机关联系的机构。所以,要清楚了解、掌握业主组织的权限及其与其他单位之间的关系,以便于物业公司与业主组织及其他单位合作,最终实现区域内广大业主安居乐业的愿景。

任务目标

- 能够基本了解业主大会、业主委员会的职责
- 能够初步了解业主组织与其他单位之间的关系

学习内容

一、业主大会、业主委员会的职责限制

1. 业主大会、业主委员会应当依法履行职责,不得作出与物业管理无关的决定,不得从事与物业管理无关的活动。这是因为业主大会成立的宗旨是维护区域内全体业主的公共利益、行使业主的自治管理权限,而业主委员会是业主大会的执行机构,因此二者的职责都是围绕物业管理展开的。如图2—8所示。

图2—8 业主们的疑问

2. 业主大会、业主委员会作出的决定违反法律、法规的,物业所在地的区、县人民政府房地产行政主管部门或者街道办事处、乡镇人民政府,应当责令限期改正或者撤销其决定,并通告全体业主。《条例》之所以作出该项规定,是因为二者设置的目的一致,二者的职责都是围绕物业管理展开的。故二者在履行职责时,必须符合法律、法规的规定,必须在法定的职责内从事活动,不得滥用权力。

3. 业主委员会不能从事经营活动

(1)业主委员会作为小区业主的自治组织,没有任何营业执照或其他准予营业的证照,只是在成立后向房地产行政主管部门履行备案手续,因此不具备经营资格。

(2)业主委员会本身没有可供开展经营活动的资金和场所，且业主委员会委员也不是专职人员，在社会上往往还承担着其他领域的工作，因此不具备经营条件。

(3)业主委员会是业主大会的执行机构，其性质是公益组织。一旦发生经营行为，在没有有效监督的情况下，经营的营利性必然与业主委员会的公益性相冲突，从而使业主委员会的性质很难获得保证。

二、业主大会、业主委员会的外部职责

《条例》第二十条明确规定："业主大会、业主委员会应当配合公安机关，与居民委员会相互协作，共同做好维护物业管理区域内的社会治安等相关工作。

在物业管理区域内，业主大会、业主委员会应当积极配合相关居民委员会依法履行自治管理职责，支持居民委员会开展工作，并接受其指导和监督。

住宅小区的业主大会、业主委员会作出的决定，应当告知相关的居民委员会，并认真听取居民委员会的建议。"

基于上述规定，业主大会和业主委员会应当履行以下外部职责：

(1)应当配合公安机关，与居民委员会相互协作，共同做好维护物业管理区域内的社会治安等相关工作。业主大会和业主委员会应当配合公安和消防部门，做好住宅区内公共秩序的维护和安全防范工作。物业管理区域内的社会治安问题不仅涉及广大业主的人身和财产安全，也涉及该物业管理区域的内部环境和外部形象，通常是广大业主最为关心的问题。鉴于此，业主大会和业主委员会必须积极配合公安机关做好区域内的安全、外来人口的登记和控制、区域内民事纠纷的协调和处理等工作，并对区域内的保安队伍进行业务指导。

(2)居民委员会依法履行物业自治管理职责。物业区域内的住户兼具小区业主和居民双重身份，故除受管理公约的约束外，还必然受到我国关于居民管理的相关规定的约束和居民委员会的领导与监督。《条例》第二十条第二款规定，在物业管理区域内，业主大会、业主委员会应当积极配合相关居民委员会依法履行自治管理职责，支持居民委员会开展工作，并接受其指导和监督。社区居民委员会隶属于街道办事处，是一种半民间半政府的组织，主要负责小区的行政工作，配合当地政府搞好各项活动。根据我国目前的情况来看，推进物业管理与社区建设协同发展，是实行物业管理的重要目的之一。社区建设涉及面广，不仅包括社区组织、社区卫生、社区治安、社区环境等物质文明建设，还包括社区文化、宣传、娱乐等精神文明建设。因此，业主大会、业主委员会应当与小区居民委员会互相协作，尤其是业主大会或业主委员会作出的有关决定，应及时告知相关的居民委员会，并认真听取居民委员会的意见，共同提高区域内居民的素质，共建文明小区。

案例分析

概述：2010 年 3 月某市桃园小区业主委员会向所在街道办事处报送的《桃园小区业主大会议事规则（表决稿）》中规定："授权业主委员会采用邀请招标的方式选聘物业服务企业""授权业主委员会在物业服务合同到期或物业服务企业出现严重违约时终止物业服务合同"等。街道办事处认为，上述内容违反了相关法律、法规，作出了撤销《桃园小区业主大会议事规则（表决稿）》的决定，因此被业主委员会告上了法庭。

业主大会、业主委员会是全体业主的自治机构，其有权就物业管理事项作出决定。但是这种自治是合法前提下的自治，如果业主大会、业主委员会作出的决定违反了法律、法规，将被当地物业管理的行政监督管理部门责令限期改正或者撤销。

分析：本案《桃园小区业主大会议事规则（表决稿）》中的"授权业主委员会采用邀请招标的方式选聘物业服务企业""授权业主委员会在物业服务合同到期或物业服务企业出现严重违约时终止物业服务合同"等内容，与《条例》第十一条相违背。因为《条例》第十一条明确规定选聘物业服务企业等事项属于业主共同决定的事项，不能由业主委员会代行，而终止物业服务合同等权利《条例》并没有授权给业主委员会。因此，该业主大会议事规则被街道办事处以违法为由撤销，理由正当，法院经审理驳回了业主委员会的诉讼请求。

特别提示

考证要点：《条例》第十九条、第二十条。

拓展提高

《业主大会和业主委员会指导规则》第十九条、第五十九条、第六十一条；《城市居民委员会组织法》第三条。

思考练习

一、填空题

1. 业主大会、业主委员会应当依法履行职责，不得作出与物业管理无关的决定，不得从事与________无关的活动。
2. 业主大会、业主委员会作出的决定违反法律、法规的，物业所在地的________部门或者________、________，应当责令限期改正或者撤销其决定，并通告全体业主。
3. 住宅小区的业主大会、业主委员会作出的决定，应当告知相关的________，并认真听取其建议。
4. 业主大会、业主委员会应当配合公安机关，与________相互协作，共同做好维护物业管理区域内的社会治安等相关工作。
5. 居民委员会的主要职责在于完成相关的________工作事项，因而居民委员会是居民自我组织起来对公共事务进行管理的组织。

二、选择题

1. 社区居民委员会对业主大会和业主委员会具有（　　）。

A. 领导关系　　B. 指导关系　　C. 隶属关系　　D. 上下级关系

2. 关于住宅小区业主大会与居民委员会的关系的说法，错误的是（　　）。

A. 双方应当相互协作，共同做好物业管理区域内的相关工作

B. 业主大会应当支持居民委员会开展工作，并接受其领导

C. 业主大会作出的决定应当告知相关居民委员会，并听取其建议

D. 居民委员会应当对业主大会的工作进行监督

3. 业主大会和业主委员会开展工作的经费由（　　）承担。

A. 全体业主　　B. 物业服务企业　　C. 居民委员会　　D. 业主代表

4. 业主大会或者业主委员会的决定，对全体业主具有（　　）。

A. 约束力　　B. 束缚力　　C. 参考性　　D. 指导性

5. 业主大会、业主委员会与居民委员会各自所行使的权利有着本质上的区别，因为其权利来源存在重大差别，前者强调其行使（　　）的属性，而后者则是实现（　　）的结果。

A. 政治权　财产权　　B. 政治民主权利　私人财产权

C. 财产权　政治权　　D. 私人财产权　政治民主权利

三、简答题

为什么业主委员会不能从事经营活动？

单元要点归纳

本单元主要围绕《条例》第二章“业主及业主大会”的相关内容展开学习，共设置了六个任务，包括“业主的权利和义务”“业主大会”“业主共同决定事项及管理规约”“物业管理区域的划分及业主大会成立方式”“业主委员会”“业主组织的职责限制及与相关单位的关系”等。本单元紧紧围绕“业主”这一引起物业管理所有事项的权利主体展开，将其他内容连为一体，既体现了第一单元法理精神的要求，又为后面单元知识的展开做了很好铺垫。因此，学好本单元的相关内容有利于实现对本课程的驾驭和整体把握。所以，希望同学们在学好教材内容的基础上，积极寻找见习或实习单位，以达到巩固和提高的目的。

第三单元　前期物业管理

单元概述

本单元主要就《条例》第三章“前期物业管理”的相关内容进行重点学习，主要涉及前期物业管理、临时管理规约、建设单位在共有物业方面的责任、物业的承接验收、物业管理用房等内容。该部分内容实践性、应用性极强，更是物业管理过程中容易产生纠纷的重要环节。因此，应作为重点内容施教和学习。另外，按照权利—义务—责任的编写逻辑要求，本单元的内容主要在《条例》第三章得以规定，并结合第六章的有关责任处罚进行了总体结构设计。

单元目标

- 通过对《条例》第二十一条至第二十八条的学习，能够掌握前期物业管理中的相关知识要点，了解建设单位、物业服务企业与业主在前期物业管理中的地位与作用
- 能够熟知前期物业服务合同的相关知识要点，学会处理和解决前期物业管理中所遇到的基本问题
- 能够明确前期物业管理中物业服务企业与业主的权利与责任，在遇到纠纷时能够做到依法依规解决问题

学习任务1 前期物业管理

任务概述

前期物业管理是为确保早期入住新开发小区业主的权利、促进和保障建设单位已完成房产的销售而进行的活动，所以事关建设单位、业主、物业服务企业三方的利益。因此，明确前期物业管理的内涵、正确掌握前期物业服务合同的构成要件、初步了解前期物业管理招投标的基本知识，是学习的重点。该部分内容实践运用广泛，须认真学习，并适时通过实践教学活动加以巩固消化。

任务目标

- 初步了解产生前期物业管理行为的原因及特征，熟知前期物业服务合同的基本内容
- 大致了解前期物业管理招投标的目的及区别性规定；熟知建设单位违法选聘物业服务企业的责任

学习内容

一、前期物业管理及其合同的基本内容

1.前期物业管理

前期物业管理是指在业主、业主大会选聘物业服务企业之前，由开发建设单位选聘物业服务企业实施物业管理的活动。为此，《条例》第二十一条明确规定："在业主、业主大会选聘物业服务企业之前，建设单位选聘物业服务企业的，应当签订书面的前期物业服务合同。"

该类合同具有以下三大特点：①过渡性；②由建设单位和物业公司签订合同；③以书面形式签订。

2.物业管理前期介入的必要性

(1)物业管理前期介入能减少物业使用中的后遗症。物业管理的基本职能是代表和维护业主的利益，对所委托的物业进行有效管理。物业管理前期介入，使物业管理同规划设计、施工建设同步或交叉进行，这样既可以找出使专业化物业管理得以顺利实施的各种需求；又可以从业主或使用人的角度，凭专业人士的经验和以往的管理实践，发现规划设

计方面的种种问题和缺陷，以优化、完善设计中的细节，减少后遗症，提升房地产开发项目的市场竞争力。

（2）物业管理前期介入是对所管物业的全面了解。物业管理行为的实质是服务，然而要服务得好，使业主满意，必须对物业进行全面了解。如果物业服务企业在物业交付使用时才介入管理，则无法对诸如土建结构、管线定向、设施建设、设备安装等物业的情况了如指掌。因此，必须在物业的形成过程中就介入管理，只有这样才能对今后不便于养护和维修之处提出改进意见，并做好日后重点养护维修的记录。只有如此，物业服务企业才能更好地为业主服务。

（3）物业管理前期介入是为后期管理做好准备。物业管理是一项综合管理工程，通过物业管理，把分散的社会分工集合为一体，并理顺关系，建立通畅的服务渠道，以充分发挥物业服务企业的综合效能。此外，在对物业实体实施管理之前，还应设计物业管理模式，制定相应的规章制度，并协同开发商草拟有关制度，筹备成立业主委员会，印制各种证件，进行机构设置、人员聘用、培训等工作。物业管理前期介入可以在此阶段把上述工作安排就绪，使物业一旦正式交付验收，物业服务企业便能有序地对物业实体进行管理。

3.前期物业管理的特征

相对于正常的物业管理而言，前期物业管理具有以下基本特征：

（1）建设单位的主导性。为业主提供物业服务的企业并非由业主来选择，无论是招投标方式还是协议方式，选择物业服务企业的决定权在建设单位，前期物业管理活动的基础性文件——临时管理规约的制定权也在建设单位。物业服务的内容与质量，服务费用，物业的经营与管理，物业的使用与维护，专项维修资金的交存、管理、使用、续筹，均由建设单位确定。

（2）业主地位的被动性。相对于建设单位、物业服务企业而言，业主除享有是否购置物业的自由外，其他的权利、义务均处于从属地位。如业主在签订物业买卖合同时，应当对遵守临时管理规约予以书面承诺；建设单位与物业服务企业达成的前期物业服务合同约定的内容，业主在买卖合同中不能变更；前期物业管理中，有关物业的使用、维护，专项维修资金的交存、管理、使用、续筹等方案，业主无权决定。

（3）前期物业服务合同期限的不确定性。建设单位虽可与物业服务企业在签订前期物业服务合同时约定期限，但是只要后来业主委员会与物业服务企业签订的物业服务合同生效，前期的物业服务合同就终止。

（4）监管的必要性。在前期物业管理中，建设单位、物业服务企业处于优势地位，如果对其失去监督，业主的合法权益就不能得到有效保障。《条例》及建设部与之配套的规章对建设单位前期物业管理活动的行为作了一些具体的限制性规定，如建设单位制定的临时管理规约不得侵犯买受人的合法权益；前期物业服务企业的选择要遵守《前期物业管理招标投标管理暂行办法》的规定等。

4.前期物业服务合同的基本内容

前期物业服务合同一般应明确规定以下几个方面：①建设单位、业主、物业服务企业的权利和义务；②物业服务企业提供服务的具体内容、质量标准、考核标准以及相关责任等;③服务费收取标准、交纳方式以及相关费用的支取;④业主在物业使用过程中应遵守的事项;⑤协议的遵守和解除。

另外,为了避免因为房产买受人不是前期物业服务合同的当事人,而出现买受人权利受侵害或不尽义务的情况,《条例》第二十五条规定:“建设单位与物业买受人签订的买卖合同应当包含前期物业服务合同约定的内容。”据此,买受人既可以就前期合同的条款提出自己的意见,也可以在被侵权的情况下进行投诉。当然,也必须履行前期物业服务合同所约定的义务。否则,就会平添不必要的麻烦。如图3—1所示。

图 3—1　业主对前期物业不应疑惑

案例分析

概述:2003 年 7 月,深圳春满房地产公司与某物业服务公司签订了前期物业服务合同,约定自己开发的深圳丰海住宅小区由该物业公司提供前期物业管理服务,收费标准以深圳市发改委批复的普通居住小区物业管理服务收费标准为依据。2006 年,该住宅小区成立的业主委员会也同意按前期物业合同的标准执行。

夏先生系小区住户,2005～2008 年,夏先生接受了该物业公司为其提供的物业管理服务,但未交物业管理费。理由是他未与前期物业公司签订物业服务合同,也不承认该物业公司的服务,因此拒交物业服务费用。2008 年 9 月,物业公司将夏先生诉至法院。

分析:前期物业服务合同尽管由建设单位与物业服务企业签订,但是因为业主在签订房产买卖合同时,其中包含了对前期物业服务合同内容的接受,所以前期物业服务合同作为房屋买卖合同的一部分而对业主有约束力。所以,本案中业主夏先生所称的他没有与前期物业公司签订服务合同的理由不能成立。据此,法院依法以未提供可信证据为由判决夏先生给付物业费 1 205 元。

5.前期物业服务合同的期限

为防止建设单位与物业服务企业签订的物业服务合同所约定的期限过短或过长而影响后成立的业主大会自主选聘物业服务企业,《条例》第二十六条明确规定:“前期物业服务合同可以约定期限;但是,期限未满、业主委员会与物业服务企业签订的物业服务合同生效的,前期物业服务合同终止。”

二、前期物业管理的招标与投标

1.招投标的目的

为打破权责不明、“谁开发、谁管理”的旧有物业管理模式,增加透明度,减少纠纷,《条例》第二十四条第一款作了倡导性规定:“国家提倡建设单位按照房地产开发与物业管理相分离的原则,通过招投标的方式选聘具有相应资质的物业服务企业。”

2. 招标方式

前期物业管理的招标方式分为公开招标和邀请投标。招标人采取公开招标方式的，应当在公共媒介上发布招标公告，同时在"中国住宅与房地产信息网"和"中国物业管理协会网"上发布招标公告，招标公告应当载明招标人的名称和地址、招标项目的基本情况以及获取招标文件的方法等事项。招标人采取邀请投标方式的，应当向 3 个以上物业服务企业发出投标邀请书，投标邀请书应当包含前款规定的事项。

招标人可以委托招标代理机构办理招标事宜；有能力组织和实施招标活动的，可以自行组织和实施招标活动。物业管理招标代理机构应当在招标人委托的范围内办理招标事宜。

3. 招标文件

招标人应当根据物业管理项目的特点和需要，在招标前完成招标文件的编制。招标文件应包括以下内容：

(1)招标人及招标项目简介，包括招标人名称、地址、联系方式，项目基本情况、物业管理用房的配备情况等；

(2)物业管理服务内容及要求，包括服务内容、服务标准等；

(3)对投标人及投标书的要求，包括投标人的资格、投标书的格式、主要内容等；

(4)评标标准和评标方法；

(5)招标活动方案，包括招标组织机构、开标时间及地点等；

(6)物业服务合同的签订说明；

(7)其他事项的说明及法律、法规规定的其他内容。

4. 备案

招标人应当在发布招标公告或者发出投标邀请书前 10 日，向物业项目所在地的县级以上地方人民政府房地产行政主管部门提交以下材料备案：

(1)与物业管理有关的物业项目开发建设的政府批件；

(2)招标公告或者招标邀请书；

(3)招标文件；

(4)法律、法规规定的其他材料。

房地产行政主管部门发现招标有违反法律、法规规定的，应当及时责令招标人改正。如图 3－2 所示。

图 3－2 前期物业管理招标已有法可依

5. 对招标人的有关规定

(1) 公开招标的，招标人可以根据招标文件的规定，对投标申请人进行资格预审。实行投标资格预审的物业管理项目，招标人应当在招标公告或者投标邀请书中载明资格预审的条件和获取资格预审文件的方法。资格预审文件一般应当包括资格预审申请书的格式、申请人须知，以及需要投标申请人提供的企业资格文件、业绩、技术装备、财务状况和拟派出的项目负责人与主要管理人员的简历、业绩等证明材料。

(2)经资格预审后,招标人应当向资格预审合格的投标申请人发出资格预审合格通知书,告知获取招标文件的时间、地点和方法,并同时向资格不合格的投标申请人告知资格预审结果。资格预审合格的投标申请人过多时,可以由招标人从中选择不少于5家资格预审合格的投标申请人。

(3)招标人应当确定投标人编制投标文件所需要的合理时间。公开招标的物业管理项目,自招标文件开始发出之日起至投标人提交投标文件截止之日,最短不得少于20日。

(4)招标人对已发出的招标文件进行必要的澄清或者修改的,应当在招标文件要求提交投标文件截止时间至少15日前,以书面形式通知所有的招标文件收受人。澄清或者修改的内容为招标文件的组成部分。

(5)招标人根据物业管理项目的具体情况,可以组织潜在的投标申请人查勘物业项目现场,并提供隐蔽工程图纸等详细资料。对投标申请人提出的疑问,应当予以澄清并以书面形式发送给所有的招标文件收受人。

(6)招标人不得向他人透露已获取招标文件的潜在投标人的名称、数量以及可能影响公平竞争的有关招投标的其他情况。招标人设有标底的,标底必须保密。

(7)在确定中标人前,招标人不得与投标人就投标价格、投标方案等实质性内容进行谈判。

(8)通过招投标方式选择物业服务企业的,招标人应当按照以下规定的时限完成物业管理招标工作:

①新建现售商品房项目应当在现售前30日完成;

②预售商品房项目应当在取得《商品房预售许可证》之前完成;

③非出售的新建物业项目应当在交付使用前90日完成。

6.对于投标的规定

(1)投标人。投标人是响应前期物业管理招标、参与投标竞争的物业服务企业。投标人应当具有相应的物业服务企业资质和招标文件要求的其他条件。投标人对招标文件有疑问需要澄清的,应当以书面形式向招标人提出。

(2)物业管理投标文件。投标人应当按照招标文件的内容和要求编制投标文件,投标文件应当对招标文件提出的实质性要求和条件作出响应。投标文件应当包括以下内容:

①投标函;

②投标报价;

③物业管理方案;

④招标文件要求提供的其他材料。

(3)对投标人的有关要求

①投标人应当在招标文件要求提交投标文件的截止时间前,将投标文件送达投标地点。招标人收到投标文件后,应当向投标人出具标明签收人和签收时间的凭证,并妥善保管投标文件。在开标前,任何单位和个人均不得开启投标文件。在招标文件要求提交投标文件的截止时间后送达的投标文件,为无效的投标文件,招标人应当拒收。

②投标人在招标文件要求提交投标文件的截止时间前,可以补充、修改或者撤回已提

交的投标文件，并书面通知招标人。补充、修改的内容为投标文件的组成部分，并应当按照规定送达投标地点。在招标文件要求提交投标文件的截止时间后送达的补充或者修改内容无效。

③投标人禁止的行为：

a. 投标人不得以他人名义投标或者以其他方式弄虚作假，骗取中标。

b. 投标人不得相互串通投标报价，不得排挤其他投标人的公平竞争，损害招标人或者其他投标人的合法权益。

c. 投标人不得与招标人串通投标，损害国家利益、社会公共利益或者他人的合法权益。

d. 禁止投标人以向招标人或评标委员会成员行贿的手段谋取中标。

7. 开标、评标和中标

(1)开标的有关规定

①开标应当在招标文件确定的提交投标文件截止时间的同一时间公开进行；开标地点应当为招标文件中预先确定的地点。

②开标由招标人主持，邀请所有投标人参加。开标应当按照下列规定进行：

a. 由投标人或者其推选的代表检查投标文件的密封情况，也可以由招标人委托的公证机构检查并公证。经确认无误后，由工作人员当众拆封，宣读投标人名称、投标价格和投标文件的其他主要内容。

b. 招标人在招标文件要求提交投标文件的截止时间前收到的所有投标文件，开标时都应当众予以拆封、宣读。

c. 开标过程应当记录，并由招标人存档备查。

(2)评标

①评标由招标人依法组建的评标委员会负责。评标委员会由招标人的代表和物业管理方面的专家组成，成员人数为五人以上单数，其中物业管理方面的专家不得少于成员总数的三分之二。评标委员会的专家成员，应当由招标人从房地产行政主管部门提供的专家名册中采取随机抽取的方式确定，与投标人有利害关系的人不得进入相关项目的评标委员会。

②评标委员会应当认真、公正、诚实、廉洁地履行职责。评标委员会成员不得与任何投标人或者与招标结果有利害关系的人进行私下接触，不得收受投标人、中介人、其他利害关系人的财物或者其他好处。

评标委员会成员和参与评标的有关工作人员不得透露对投标文件的评审和比较、中标候选人的推荐情况以及与评标有关的其他情况。

③评标委员会可以用书面形式要求投标人对投标文件中含义不明确的内容作必要的澄清或者说明，但是澄清或者说明不得超出投标文件的范围或者改变投标文件的实质性内容。

④评标委员会应当按照招标文件确定的评标标准和方法，对投标文件进行评审和比较，并对评标结果签字确认。

⑤评标委员会经评审，认为所有投标文件都不符合招标文件要求的，可以否决所有的投标。依法必须进行招标的物业管理项目所有投标被否决的，招标人应当重新招标。

⑥评标委员会完成评标后，应当向招标人提交书面评标报告，阐明评标委员会对各投标文件的评审和比较意见，并按照招标文件规定的评标标准和评标方法，推荐不超过3名有排序的合格的中标候选人。招标人应当按照中标候选人的排序确定中标人。中标人放弃中标或者因不可抗力不能履行合同的，招标人可以依序确定其他中标候选人为中标人。

(3)中标。招标人应当在投标有效期截止时限30日前确定中标人，投标有效期应当在招标文件中载明。招标人应当向中标人发出“中标通知书”，中标结果通知所有未中标的投标人，并返还投标书。

(4)中标后的工作

①应当自确定中标人之日起15日内，向物业项目所在地的县级以上地方人民政府房地产行政主管部门备案。备案资料应当包括开标评标过程、确定中标人的方式及理由、评标委员会的评标报告、中标人的投标文件等资料。委托代理招标的，还应当附招标代理委托合同。

②招标人和中标人应当自中标通知书发出之日起30日内，按照招标文件和中标人的投标文件订立书面合同。招标人和中标人不得再另订立背离合同实质性内容的其他协议。

③招标人无正当理由不与中标人签订合同，给中标人造成损失的，招标人应当给予赔偿。

8.招投标的区别性规定

《条例》第二十四条第二款对住宅物业的前期物业管理招投标活动还作了以下强制性规定：“住宅物业的建设单位，应当通过招投标的方式选聘具有相应资质的物业服务企业；投标人少于3个或者住宅规模较小的，经物业所在地的区、县人民政府房地产行政主管部门批准，可以采用协议方式选聘具有相应资质的物业服务企业。”

《条例》之所以如此规定，是因为对于规模较小的住宅物业，采用招投标的程序相对复杂、成本高；而对于投标人少于3个的，由于缺乏足够的竞标，进行招投标的意义不大。因此，对以上两种情况，《条例》建议都可以采取协议的方式选聘物业服务企业。

而非住宅物业是否以招投标的方式选聘物业服务企业，目前相关法律没做强制性要求。

9.建设单位违法选聘物业公司的责任

为保护业主的合法权益，避免在业主、业主大会聘用新的物业服务企业之前，在前期物业服务过程中建设单位和物业服务企业相互勾结，侵害业主合法权益的情况发生，《条例》第五十六条规定：“违反本条例的规定，住宅物业的建设单位未通过招投标的方式选聘物业服务企业或者未经批准，擅自采用协议方式选聘物业服务企业的，县级以上地方人民政府房地产行政主管部责令限期改正，给予警告，可以并处10万元以下的罚款。”

特别提示

1. 注意事项：除掌握《条例》第二十一、二十四、二十五、二十六、五十六条等内容外，还应结合《物权法》第七十三条，《最高人民法院关于审理物业服务纠纷案件具体应用法律若干问题的解释》第一条，《合同法》第一百零七条、一百一十二条加深理解。

2. 考证要点：《条例》第二十一、二十四、二十五、二十六、五十六条。

拓展提高

学习参考以下法规：《山东省物业管理条例》；建设部《前期物业管理招标投标管理暂行办法》；《招投标法》第三条、第四条。

思考练习

一、填空题

1. 前期物业管理是由________选聘物业服务企业实施的物业管理。

2. ________与建设单位依法签订前期物业服务合同。

3. 建设单位通过________方式选聘具有相应资质的物业服务企业。

4. 建设单位与________签订买卖合同时，应包含前期物业服务合同约定的内容。

5. 业主委员会与物业服务企业签订的物业合同生效的，前期物业服务合同________。

二、选择题。

1. 在业主、业主大会选聘物业服务企业之前，建设单位选定物业服务企业后，应当签订书面的（　　）。

A. 前期物业服务合同　　B. 物业服务合同　　C. 临时物业服务合同

2. 住宅物业的建设单位，应当通过（　　）方式选聘物业服务企业。

A. 招投标　　B. 直接聘任　　C. 协议

3. 投标人少于（　　）个或是住宅规模较小的，经物业所在地的区、县人民政府房地产行政主管部门批准，可用协议方式直接选聘物业服务企业。

A. 2　　B. 4　　C. 3

4. 住宅物业的建设单位未通过招投标的方式选聘物业服务企业或者未经批准，擅自采用协议方式选聘物业服务企业的，县级以上地方人民政府房地产行政主管部门责令限期改正，给予（　　）处分。

A. 批评　　B. 警告　　C. 记过

5. 住宅物业的建设单位未通过招投标的方式选聘物业服务企业或者未经批准，擅自采用协议方式选聘物业服务企业的，县级以上地方人民政府房地产行政主管部门责令限期改正，可以并处（　　）万元以下罚款。

A. 20　　B. 30　　C. 10

三、简答题

什么是前期物业服务合同，其效力如何？

学习任务2 物业临时管理规约

任务概述

临时管理规约是业主大会制定管理规约前的版本，目的是帮助开发商也是监督开发商为将来的物业管理活动建立起一个制度体系，以最终实现全体业主生活安定和财产安全的目的。因此，基本了解临时管理规约对业主和建筑商约定的义务规范、理解并掌握房屋销售时买卖双方在履行管理规约上应尽的责任，是做好前期物业管理的前提条件。同时，对临时管理规约与管理规约的关系要有所掌握，不得混淆。

任务目标

- 能够基本了解临时管理规约的主要内容，熟知临时管理规约对建设单位和业主约定的义务规范
- 能够理解和掌握房产销售环节买卖双方在履行管理规约上应尽的责任

学习内容

一、临时管理规约及其与管理规约的关系

1. 临时管理规约的概念

临时管理规约是指在业主大会尚未成立的前期物业管理阶段，为了规范业主的活动、维护业主的利益，由作为初始业主的建设单位先行制定的规范性文件。

《条例》第二十二条规定："建设单位应当在销售物业之前，制定临时管理规约，对有关物业的使用、维护、管理，业主的共同利益，业主应当履行的义务，违反临时管理规约应当承担的责任等事项依法作出约定。"

2. 制定临时管理规约的必要性

(1)因为在物业销售之前，业主处于变动之中，制定管理规约的条件不具备，而物业又需要管理，所以制定临时管理规约填补了正式管理规约制定前一段时间物业管理的空白。

(2)在物业销售前，建设单位是物业的主要所有人，制定临时管理规约可以监督建设单位在销售物业前更好地履行职责，以免在业主进驻前物业遭受侵害。

3. 临时管理规约的内容

临时管理规约与管理规约的实质内容是一致的，主要包括有关物业的使用、维护、管理，业主的共同利益，业主应当履行的义务，违反临时管理规约应当承担的责任等事项。临时管理规约应当制定物业使用与管理的规则，如物业的共用部位以及共用设施的使用

规则。同时也应当规定业主应当履行的义务，包括妥善利用和爱护物业的共用部分与共用设施，不得擅自利用、损毁物业的共同部分。例如，业主不得擅自变更物业共用部分的构造、布局、外观、用途，不得擅自利用或者允许他人利用，不得私自占用、拆除、破坏物业的共用部分与共用设施等。

4. 临时管理规约的效力

临时管理规约是业主大会制定管理规约前的版本。建设部于 2004 年 9 月 6 日颁发了《业主临时公约(示范文本)》，既是帮助开发商也是监督其为将来的物业管理活动建立起一个制度体系。

5. 临时管理规约与管理规约的区别和联系

(1) 二者的区别：①签订时间不同，前者是买房人在签订购房合同时就要签订的文件，而后者则是在成立业主大会后签订的。②制定主体不同，前者是由开发商制定的，而后者则是由业主大会制定的。③适用阶段不同，前者适用于业主大会成立之前，而后者则适用于业主大会成立之后。

(2) 二者的联系：尽管二者有以上三方面的不同，但是实质内容、效力、最终目的并无不同。它们对全体业主都具有约束力，且最终目的都是为了维护全体业主生活的安定和财产的价值。所以，在一定程度上，可以说前者是后者的一种特殊形式。

6. 对临时管理规约内容上的限制

业主大会成立前的前期物业服务企业，往往是建设单位的关联企业，同时这一时期的建设单位又常常是物业的主要所有人。因此，为了防止建设单位在没有业主监督的情况下，利用其所有人的身份制定损人利己的管理制度，《条例》第二十二条第二款特别规定："建设单位制定的临时管理规约，不得侵害物业买受人的合法权益。"

案例分析

概述：王先生在上海某别墅小区购买了逾四百平方米的独立别墅，所在小区物业服务公司与房产商签订了前期物业服务合同，合同约定：开发商委托该物业公司对小区一期延伸段别墅实施物业管理，物业管理费按照每月每平方米 4.5 元的标准收取。如业主和物业使用人逾期交纳，物业公司可从逾期之日起按每天应交管理费的 3‰收取滞纳金。合同有效期不定期顺延，至业主大会成立时止。王先生购房时，在临时管理规约上签了字，表明其认同该公约的内容。但王先生入住后认为物业管理费偏高，不按约定交费。物业公司在多次催缴未果的情况下，将王先生诉至法院，要求按约定支付拖欠的服务费和滞纳金。

分析：根据《条例》第二十二条的规定，临时管理规约是由建设单位制定，对有关物业的使用、管理，业主的共同利益，业主应当履行的义务及违反临时管理规约应当承担的责任等事项作出的约定。根据《条例》第二十三条的规定，建设单位应当向物业买受人就临时管理规约履行说明义务，而物业买受人应当对遵守临时管理规约予以书面承诺，因此临时管理规约对物业买受人具有约束力。但是临时管理规约侵害买受人合法权益的，违法部分对物业买受人不具有约束力。

本案中，王先生虽然在临时管理规约上签了字并作出书面承诺，表示遵守临时管理规约的内容，但是该临时管理规约关于物业服务费用的标准，超出了物价部门审核的每月每平方米2.8元的收费标准，因此超出部分无效，法院最终判决王先生仅需按每月每平方米2.8元的标准交纳物业费。

二、建设单位与物业买受人对临时管理规约应尽的义务

1.建设单位应尽的义务

因为物业买受人没有参与临时管理规约的制定，又需遵守临时管理规约，所以为防止建设单位滥用单方制定权，保护物业买受人的利益，减少争议，并使临时管理规约能够得到物业买受人的切实遵守，《条例》第二十三条第一款规定："建设单位应当在物业销售前将临时管理规约向物业买受人明示，并予以说明。"明示一般是直接将临时管理规约文本交予买受人。

2.物业买受人应尽的义务

为了避免建设单位和物业买受人对是否已经明示和说明发生争议，《条例》第二十三条第二款规定："物业买受人在与建设单位签订物业买卖合同时，应当对遵守临时管理规约予以书面承诺。"通常的做法是建设单位将临时管理规约作为物业买卖合同的附件，或在物业买卖合同中明确约定物业买受人应遵守临时管理规约的内容，物业买受人签字确认。如图3—3所示。

图3—3 买受人需签临时管理规约

案例分析

概述：业主赵某在开发商向其明示了临时管理规约等文件后，购买了该开发商的一套房屋。后于2007年10月，在与该开发商委托的物业服务公司签订了前期物业管理协议的基础上入住，该协议包括了前期物业管理服务、临时管理规约、服务收费标准等八方面的约定。但自2008年3月起，赵某违反协议，不按约定交费。物业公司在多次向赵某催缴服务费及滞纳金未果的前提下，将其诉至法院，要求其按约定支付拖欠的服务费和滞纳金共计5 286.8元。

分析：前期物业服务合同、临时管理规约等文件虽然是由建设单位制定的，但在业主买房时，建设单位已经向其明示了这些文件，而且赵某也在此基础上书面签署了这些文件。显然，以上文件对赵某具有约束力。所以，赵某应当按照自己的书面承诺，履行合同约定的义务，即应当交纳物业服务费。

特别提示

注意事项：临时管理规约和管理规约一般涉及以下五方面的基本内容：物业的使用、维护、管理，业主的共同利益，业主应当履行的义务，违反规约应当承担的责任，承诺书等。

考证要点：《条例》第二十二条、第二十三条。

拓展提高

参考学习：《业主临时公约（示范文本）》、《中华人民共和国物权法》第八十三条。

思考练习

一、填空题

1. 建设单位应当在销售物业之前，制定业主临时公约，对有关物业的使用、维护、管理，________，业主应当履行的义务，违反公约应当承担的责任等事项依法作出约定。
2. 建设单位制定的临时管理规约，不得侵害________人的合法权益。
3. 建设单位应当在________将临时管理规约向物业买受人明示，并予以说明。
4. ________是业主大会制定管理规约之前的版本。
5. 在物业销售之前，________是物业的主要所有人。

二、选择题

1. 临时管理规约由以下哪个组织机构制定（　　）。
   A. 建设单位　　B. 业主大会
   C. 业主委员会　　D. 地方政府房地产行政主管机关
2. 《条例》规定，建设单位制定临时管理规约的最终目的在于维护（　　）。
   A. 建设单位的权益　　B. 全体业主的权益
   C. 物业公司的权益　　D. 以上都不正确
3. 以下有关临时管理规约与管理规约的关系说法不正确的是（　　）。
   A. 临时管理规约实际上是管理规约之前的版本
   B. 二者的制定主体不同
   C. 前者制定的时间一般早于后者
   D. 二者有本质上的差异
4. 买房人在与建设单位签订物业买卖合同时，应当对遵守临时管理规约予以（　　）承诺。
   A. 口头　　B. 书面　　C. 协商　　D. 以上都不对
5. 临时管理规约对物业服务企业而言（　　）。
   A. 有约束力　　B. 有部分约束力
   C. 无约束力　　D. 以上都不对

三、参考《业主临时公约（示范文本）》，为某小区草拟一份临时管理规约。

学习任务3 建设单位对物业的义务

任务概述

物业共用部位、共用设施设备为全体业主共同所有或使用，建设单位无权擅自处分。不仅如此，建设单位还应按照国家规定的保修期限和保修范围，承担物业的保修责任。因此，全面了解建设单位在物业管理中的基本义务和责任，有利于维护物业服务企业和广大业主的正当权益。一旦发现建设单位有违反义务和责任的事情发生，物业服务企业应立即采取措施加以解决，使公共物业得以正常使用。

任务目标

- 能够熟知建设单位无权擅自处分的公共物业所涉及的范围以及擅自处分应负的责任
- 能够熟知建设单位应当承担的物业保修期限和范围

学习内容

一、共有或共用物业

共有或共用物业是指物业管理区域内，业主专有房屋以外，属于全体业主共同所有、共同使用的建筑物部位、场所、设施设备。

1.共有或共用物业的范围

根据相关规定，共用部位包括：住宅主体承重结构部位、户外墙面、门厅、楼梯间、走廊通道等；共用设施设备包括：住宅小区或单幢住宅内，建设费用已分摊进入住房销售价格的共用的上下水管道、落水管、水箱、加压水泵、电梯、天线、供电线路、照明、锅炉、暖气线路、煤气线路、消防设施、绿地、道路、路灯、井、非经营性车库、公益性文体设施和共用设施设备使用的房屋等。

2.共有或共用物业的权利归属

以上共有或共用物业的使用权和所有权，依法或依约属于业主共有，建设单位无权擅自处分。如需处分，必须经全体业主同意，并对处分的收益作出约定，否则即为侵权行为。

3.对建设单位的禁止性规定

业主依法享有的物业共用部位、共用设施设备，或许是建设单位建成的，但是建设单位对其并不享有所有权或使用权，因此建设单位无权处分这些设施设备。这里所讲的处分既包括法律上的处分，也包括事实上的处分。法律上的处分有转让所有权、设定用益物权或担保物权等，事实上的处分包括拆毁等。建设单位不仅不得擅自处分，而且对于这些共用部分、共用设施设备的使用，也不得擅自做主。

案例分析

概述：2009 年 4 月南京市福祥小区全面竣工并交付使用。由于当时是一期先建成，开发商为了让二期施工人员有地方住，就建起来后来有争议的管理中心。当时就是个临时建筑，一直没有办理产权证，也没有拆除，但一直在使用。交付房屋后，开发商委托物业公司对整个小区进行管理，管理中心用房也全部交给物业公司使用。物业公司将此房屋提供给福祥社区居委会使用，用作社区党员活动室、阅览室等，剩余的房屋由物业公司出租给他人使用，用于开办幼儿园、超市等，一年的租金在 15 万元以上。

由于物业公司和业主为此经常发生矛盾，难以收到物业费，物业公司便将配套房屋的租金用作物业管理费用。2012 年 8 月物业公司与福祥小区的物业服务合同到期后，福祥小区全体业主及业主大会未与物业公司续签物业服务合同。

物业公司被炒后，继续收取管理中心房屋的租金。原来在 2010 年 3 月，开发商与物业公司订立协议，无偿将该房屋给了物业公司。业主们认为，在小区范围内建造的任何房屋都应当归全体业主管理和使用，业主的这一权益不应该由开发商随意赠送他人，于是该小区业主委员会将开发商和物业公司告上了法庭。

分析：对于物业的共用部位、共用设施设备等，其所有权和使用权为业主所有，因此建设单位无权进行处分。

本案有争议的管理中心虽然当时是个临时建筑，一直没有办理产权证，也没有拆除，但一直在使用。加之该建筑物在原告居住的小区内，而且是作为公建配套设施建造的，因此应当认定为物业的共用部位，其所有权和使用权应该属于业主。开发商擅自将此管理中心无偿赠送属于无权处分行为，为无效行为，法院据此判决该小区业主委员会胜诉，双方争议的管理中心依法移交给业主委员会管理。

二、建设单位擅自处分共有或共用物业的责任

为防止建设单位擅自处分共有或共用物业，《条例》第二十七条明确规定："业主依法享有的物业共用部位、共用设施设备的所有权或者使用权，建设单位不得擅自处分。"

图 3－4　共有车位岂能外租

另一方面，为保证上述规定在实践中得以落实，《条例》第五十七条又专门作出规定："违反本条例的规定，建设单位擅自处分属于业主的物业共用部位、共用设施设备的所有权或者使用权的，由县级以上地方人民政府房地产行政主管部门处 5 万元以上 20 万元以下的罚款；给业主造成损失的，依法承担赔偿责任。"如图 3－4 所示。

案例分析

概述：市民李先生于2009年8月在某小区购买了一套住房，为顶楼。忽然有一天，李先生发现自家楼顶上竖起一块广告牌，经询问得知，原来是建设单位将顶楼朝南的屋顶出租给了一家广告公司，租期2年。对此，小区业主都不知情，于是李先生强烈要求建设单位拆除广告牌，并认为该楼顶应该归他所有。但建设单位答复称楼顶的位置归建设单位所有，且有权出租，业主无权干涉，为此双方争执不下。于是，李先生将建设单位的这种行为投诉到所在的区房管局。

分析：经调查，房管局认为楼顶的所有权既不归李先生本人所有，也不归建设单位所有。根据《条例》第二十七条的规定，业主依法享有物业共有部位、共用设施设备的所有权和使用权，建设单位不得擅自处分。楼顶应属该小区全体业主共有，在未征得小区业主同意的情况下，建设单位无权处分，建设单位将该楼顶出租给广告公司的行为是一种无效行为。根据《条例》第五十七条的规定，区房管局给该小区的建设单位下达了罚款5万元的行政处罚通知书，并要求建设单位限期将李先生房屋所在楼的楼顶恢复原状。

三、建设单位的物业保修责任

物业保修责任是指建设单位在物业竣工验收后，对保修期内出现的不符合工程建筑强制性标准和合同约定的质量缺陷，有予以保证修复的责任。对于前期物业管理来说，一般处于建设单位的物业保修期内，应由建设单位承担责任。正如《条例》第三十一条所规定的："建设单位应当按照国家规定的保修期限和保修范围，承担物业的保修责任。"因此，建设单位不能擅自缩短物业的保修期。如图3—5所示。

图3—5 房屋保修期被缩短

1. 保修范围和期限

（1）保修范围。包括地基基础工程、主体结构工程、屋面防水工程和其他土建工程，以及电气管线、给排水管道的安装工程，供热、供冷系统工程等项目。

（2）保修期限。不同的工程有不同的保修期限，根据规定分别从2年到5年不等。

2. 责任界定

根据造成质量问题的不同原因，由不同单位分别承担责任。

（1）施工单位未按国家有关标准和设计要求施工，造成的质量缺陷由施工单位负责返修并承担经济责任。质量缺陷是指工程不符合国家或行业现行的有关技术标准、设计文件以及合同对质量的要求。

（2）由于设计方面的原因造成的质量缺陷，由设计单位承担经济责任。

（3）由建筑材料、构配件和设备质量不合格引起的质量缺陷，属于施工单位采购或经其验收同意的，由施工单位承担经济责任；属于建设单位采购的，由建设单位承担经济责任。

(4)因使用单位使用不当造成的质量缺陷，由使用单位自行负责。

(5)因地震、洪水、台风等不可抗力造成的质量问题，施工单位、设计单位不承担经济责任。

特别提示

1. 注意事项：通过见习，熟知共有、共用物业所指对象的范围；参考学习《建设工程质量管理条例》。

2. 考证考点：《条例》第二十七条、第三十一条。

拓展提高

结合《物权法》第七十三条，《最高人民法院关于审理建筑物区分所有权纠纷案件具体应用法律若干问题的解释》第三条、第十四条加深理解；结合《建设工程质量管理条例》第三条、第三十九条、第四十条进行拓展学习。

思考练习

一、填空题

1. 建设单位不得擅自处分业主依法享有的物业共用部位、共用设施设备的物业________权或者________权。

2. 建设单位无权擅自处分业主依法享有的共用物权。这里的“处分”既包括________处分，也包括________处分。

3. ________应当按照国家规定的保修期限和保修范围，承担物业的保修责任。

二、选择题

1. 建设单位应当按照(　　)规定的保修期限和保修范围，承担物业的保修责任。

A. 国家　　B. 地方政府　　C. 合同　　D. 以上都不对

2. 对于小区的共用绿地，有权处分的是(　　)。

A. 建设单位　　B. 业主　　C. 物业公司　　D. 居委会

3. 以下不属于物业共用部位或共用设施的是(　　)。

A. 小区道路　　B. 小区健身设施

C. 业主住宅阳台　　D. 小区物业管理用房

4. 建设单位对以下哪种物业有权处分(　　)。

A. 业主停车场　　B. 物业管理用房

C. 未出售的房产　　D. 小区绿地

5. 根据《建设工程质量管理条例》的规定，屋面防水工程的最低保修期限为(　　)年。

A. 2　　B. 3　　C. 4　　D. 5

三、简答题

建设单位擅自处分物业的责任有哪些?

学习任务4 共用物业的承接验收

任务概述

承接验收是物业服务企业承接物业时不可缺少的工作程序,是物业服务企业应重点关注的事项。要完成该项任务,不仅要熟知物业服务企业在承接验收时的义务,还要具体明确物业承接验收时应移交资料的明细;同时要初步了解两种不同情形的物业承接验收的一般区别,以及拒不移交物业资料的行政责任。该项任务关系到多方义务责任的划分、未来物业管理能否顺利开展以及物业服务宗旨能否真正实现,因此应当认真完成。

任务目标

- 明确物业服务企业在物业承接验收时的责任与义务
- 熟知物业承接验收时需移交资料的明细
- 大致了解两种不同情形的物业承接验收之间的差异
- 明确拒不移交物业资料应负的行政责任

学习内容

一、物业的承接验收

1. 物业的承接验收,是指物业服务企业承接房产开发企业、共有房屋出售单位或者业主、业主委员会委托管理的新建房屋或者原有房屋时,以物业主体结构安全和满足使用功能为主要内容的再检验。如图 3—6 所示。

图 3—6　物业的承接验收应全面认真

物业的承接验收事关多方权益能否顺利实现,所以《条例》第二十八条明确规定:"物业服务企业承接物业时,应当对物业共用部位、共用设施设备进行查验。"

2. 承接验收的两种情形及差异

物业的承接验收分为两种情形,即前期承接验收和正式承接验收,其差异如图 3—7 所示。

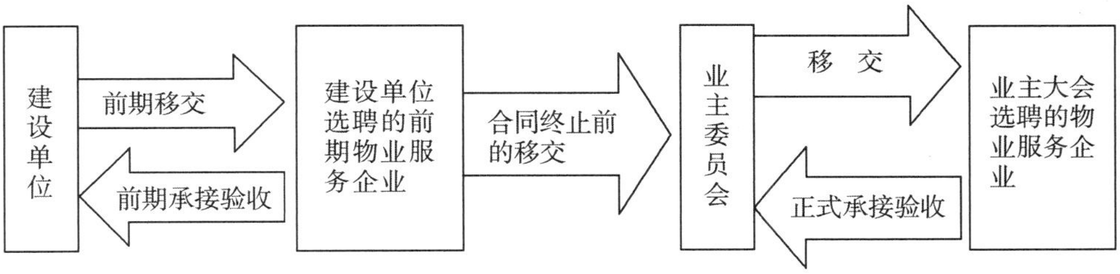

图 3－7 承接验收两种情形的差异

二、前期承接验收与竣工验收的区别

前期承接验收不同于竣工验收，前期承接验收是物业服务企业接管开发商移交的物业所进行的验收。前期承接验收与竣工验收的区别在于：

1. 验收的目的不同。前者是在验收合格的基础上，以主体结构安全和满足使用功能为主要内容的再检验；后者是为了检验房屋工程是否达到设计文件所规定的要求。

2. 验收的条件不同。前者的首要条件是竣工验收合格，并且供电、采暖、给排水、卫生、道路等设施设备能正常使用，房屋幢、户编号已经有关部门确认；后者的首要条件是工程按设计要求全部施工完毕，达到规定的质量标准、能满足使用等。

3. 交接对象不同。前者是由物业服务公司接管开发商移交的物业；后者是由开发商验收建筑商移交的物业。

三、前期物业承接查验中应注意的事项

前期物业承接查验直接关系到今后物业管理能否顺利开展。前期物业服务企业通过承接查验，由对物业的前期管理转入到对物业的实体管理之中。因此，为确保今后物业管理工作能顺利开展，物业服务企业在接管验收时应注意以下几个方面：

1. 物业服务企业应选派素质好、业务精、对工作认真负责的管理人员及技术人员参加验收工作。

2. 物业服务企业既应从今后物业维护、保养、管理的角度进行验收，又应站在业主的立场上，对物业进行严格的验收，以维护业主的合法权益。

3. 承接查验中若发现问题，应明确记录在案，约定期限督促开发商对存在的问题进行整改，直到完全合格。

4. 落实物业的保修事宜。根据建筑工程保修的有关规定，由开发商负责保修，向物业服务企业交付保修保证金；或由物业服务企业负责保修，开发商一次性拨付保修费用。

5. 开发商应向物业服务企业移交整套图纸资料，包括产权资料和技术资料等。

6. 前期物业服务企业接收的只是对物业的经营管理权以及政府赋予的有关权利。

7. 承接查验符合要求后，物业服务企业应签署验收合格凭证，签发接管文件。

物业服务企业签发了接管文件、办理了必要的手续以后，整个前期物业承接验收与接管工作即告完成。

四、前期物业承接查验的内容

1. 主体结构。地基沉降不得超过规定要求允许的变形值，不得引起上部结构开裂或损坏毗邻房屋。

2.屋面与楼地面。各类屋面必须符合国家建筑设计标准的规定，排水畅通，无积水，不渗漏。

3.装修。钢木门窗均应平整、牢固，开关灵活；进户门不得使用胶合板制作；门锁安装牢固；门窗玻璃应平整，油灰饱满、粘贴牢固；油漆色泽一致，不脱皮、不漏刷。

4.电气。线路应平整、牢固、顺直，过墙有导管，铝导线不得绞接或绑接。每一回路的导线间及对地的绝缘电阻不得小于规定的要求。照明器具等的支架必须牢固，部件齐全，接触良好。避雷装置必须符合国家标准的规定，电梯应能准确、正常运转，噪声震动不得超过规定，记录、图纸资料齐全。

5.水、卫、消防、采暖。管道应安装牢固，控制部件启闭灵活，无滴、漏、跑、冒现象。

6.附属工程及其他。室外排水系统的标高、窨井的设置、管道坡度、管位、化粪池等都必须符合规定要求，信报箱、挂物钩、晒衣架应按规定安装。另外，还包括场地清理、临时设施与过渡房的拆除，相应市政、公建配套工程和服务设施也应达到质量要求。

五、前期物业承接查验的办法

1.建设单位应当在物业交付使用15日前，与选聘的物业服务企业完成物业共用部位、共用设施设备的承接查验工作。

2.物业服务企业应当对下列物业共用部位、共用设施设备进行现场检查和验收：

(1)共用部位：一般包括建筑物的基础、承重墙体、柱、梁、楼板、屋顶以及外墙、门厅、楼梯间、走廊、楼道、扶手、护栏、电梯井道、架空层及设备间等。

(2)共用设备：一般包括电梯、水泵、水箱、避雷设施、消防设备、楼道灯、电视天线、发电机、变配电设备、给排水管线、电线、供暖及空调设备等。

(3)共用设施：一般包括道路、绿地、人造景观、围墙、大门、信报箱、宣传栏、路灯、排水沟、渠、池、污水井、化粪池、垃圾容器、污水处理设施、机动车(非机动车)停车设施、休闲娱乐设施、消防设施、安防监控设施、人防设施、垃圾转运设施以及物业服务用房等。

3.建设单位应当依法移交有关单位的供水、供电、供气、供热、通信和有线电视等共用设施设备，不作为物业服务企业现场检查和验收的内容。

4.现场查验应当综合运用核对、观察、使用、检测和试验等方法，重点查验物业共用部位、共用设施设备的配置标准、外观质量和使用功能。

5.现场查验应当形成书面记录。查验记录包括查验时间、项目名称、查验范围、查验方法、存在问题、修复情况以及查验结论等内容，查验记录应当由建设单位和物业服务企业参加查验的人员签字确认。

6.现场查验中，物业服务企业应当将物业共用部位、共用设施设备的数量和质量不符合约定或者规定情形的，书面通知建设单位，建设单位应当及时解决并组织物业服务企业复验。

7.建设单位应当委派专业人员参与现场查验，与物业服务企业共同确认现场查验的结果，签订物业承接查验协议。

8.物业承接查验协议应当对物业承接查验的基本情况、存在的问题、解决方法及其时限、双方的权利义务、违约责任等事项作出明确约定。

9.物业承接查验协议作为前期物业服务合同的补充协议，与前期物业服务合同具有同等法律效力。

10.建设单位应当在物业承接查验协议签订后10日内办理物业交接手续，向物业服务企业移交物业服务用房以及其他物业共用部位、共用设施设备。

11.物业承接查验协议生效后，当事人一方不履行协议约定的交接义务，导致前期物业服务合同无法履行的，应当承担违约责任。

六、前期物业承接验收时应移交的资料

《条例》第二十九条规定：“在办理物业承接验收手续时，建设单位应当向物业服务企业移交下列资料：

（一）竣工总平面图，单体建筑、结构、设备竣工图，配套设施、地下管网工程竣工图等竣工验收资料；

（二）设施设备的安装、使用和维护保养等技术资料；

（三）物业质量保修文件和物业使用说明文件；

（四）物业管理所必需的其他资料。

物业服务企业应当在前期物业服务合同终止时将上述资料移交给业主委员会。”

七、物业的正式承接验收

物业的承接验收分为前期物业承接验收和正式物业承接验收。《条例》第二十六条规定的是前期物业承接验收，而《条例》第三十六条则对正式物业承接验收作了如下规定：“物业服务企业承接物业时，应当与业主委员会办理物业验收手续。业主委员会应当向物业服务企业移交本条例第二十九条第一款规定的资料。”

这里应该注意到，一般在正式物业承接验收之前，业主委员会已事先同前期物业服务企业或老物业服务企业进行了一次物业移交，正如《条例》第三十八条所规定的：“物业服务合同终止时，物业服务企业应当将物业管理用房和本条例第二十九条第一款规定的资料交还给业主委员会。物业服务合同终止时，业主大会选聘了新的物业服务企业的，物业服务企业之间应当做好交接工作。”

案例分析

概述：2010年9月16日，某市齐家物业服务公司与本市一住宅小区的业主委员会签订了物业服务合同，约定物业服务合同由该小区业主大会同意后生效。当年11月28日，小区进行全体业主投票，同意由齐家物业服务公司对小区进行物业管理。但小区原物业公司却拒绝将该小区的物业用房及资料交付给齐家物业服务公司，导致齐家物业服务公司无法进驻该小区履职。于是，业主委员会和齐家物业服务公司一起将原物业公司诉至法院，要求原物业公司依法退出小区并向业主委员会和齐家物业服务公司移交相关物业资料。

分析：根据《条例》的规定，物业服务合同终止后，原物业公司应当履行法定义务：退出物业服务区域，移交物业服务用房和相关设施、必要的资料以及专项维修资金等。

本案中，原物业公司拒绝退出小区和移交的行为显然已经违反《条例》第三十八条的规定。法院经审理，最终支持了业主委员会和齐家物业服务公司的正当诉求。

八、拒不移交资料的法律责任

《条例》第五十八条规定："违反本条例的规定，不移交有关资料的，由县级以上地方人民政府房地产行政主管部门责令限期改正；逾期仍不移交有关资料的，对建设单位、物业服务企业予以通报，处 1 万元以上 10 元以下的罚款。"

上述条款是对建设单位或物业服务企业违反规定，拒不移交资料应当承担的法律责任进行的规定。需要注意的是，当建设单位、物业服务企业违反上述规定时，可追究其行政责任；但是，当业主委员会违反上述规定拒不移交时，因为违法行为侵害的不是公共利益，所以只能依据合同法对其提起民事诉讼。

拒不移交资料的，需要负行政法律责任，具体包括：①限期改正，由县级以上地方人民政府房地产行政主管部门责令限期改正；②通报，这里的通报是声誉处罚，是通过通报使违法主体的声誉受到影响，从而使其利益受到损害；③罚款，处罚幅度为 1 万元以上 10 万元以下。

特别提示

1. 注意事项：2010 年 10 月 14 日，住房和城乡建设部制定并印发了《物业承接查验办法》。

2. 考证考点：《条例》第二十八、二十九、三十六、三十八条、五十八条。

拓展提高

初步了解《物业承接查验办法》《建设部关于加强商品房销售、房改房与物业管理衔接工作的通知》《房屋接管验收标准》。

思考练习

一、填空题

1. 物业服务企业应当在前期物业服务合同终止时将有关物业资料移交给________。
2. 物业服务企业承接物业时，应当对物业共用部位、共用设施设备进行________。
3. 物业的接管和验收是物业服务企业的一项重要________义务。
4. 物业服务合同终止时，业主大会选聘了新的物业服务企业的，________之间应当做好交接工作。
5. 违反《条例》第五十八条的规定，不移交有关资料的，由________级以上地方人民政府房地产行政主管部门责令限期改正。

二、选择题

1. 前期物业服务企业的承接验收是对以下哪个单位所移交的物业来说的（　　）。

   A. 业主委员会　　B. 物业服务企业　　C. 建设单位　　D. 居委会

2. 在办理物业承接验收手续时，建设单位没必要移交的资料是（　　）。

   A. 工程规划设计图

   B. 竣工总平面图

   C. 设施设备的安装、使用和维护保养等技术资料

   D. 物业质量保修文件和物业使用说明文件。

3. 正式接管与验收发生在(　　)之间。

A. 物业服务企业与建设单位　　B. 物业服务企业与物业服务企业

C. 物业服务企业与业主委员会　　D. 前期物业服务企业与业主委员会

4. 对拒不移交资料的，行政处罚不包括以下哪种措施(　　)。

A. 限期改正　　B. 警告　　C. 通报　　D. 罚款

5. 拒不移交资料的罚款限额是(　　)。

A. 1 万元以上 10 万元以下　　B. 5 万元以上 10 万元以下

C. 3 万元以上 20 万元以下　　D. 10 万元以上 20 万元以下

三、简答题

在办理物业承接验收手续时，建设单位应当向物业服务企业移交哪些资料？

学习任务5 物业管理用房

任务概述

物业管理用房是物业服务企业进行物业管理不可缺少的物质条件，是全体业主共有的物业设施，不配置、随意处置、擅自改变物业管理用房用途的行为都要受到相应的行政处罚。因此，熟知物业管理用房的性质、用途，自觉维护其法律地位，对破坏物业管理用房法律地位、用途的行为进行质疑、警示、投诉，应成为物业管理从业者的一种基本职业素质。

任务目标

- 全面了解物业管理用房的性质、用途和法律地位
- 熟知对物业管理用房不尽责或擅自改变其用途应承担的法律后果

学习内容

一、物业管理用房的性质和配置的必要性

1. 性质

物业管理用房，是指房地产开发建设中按照有关规定建设的，由开发建设单位以建造成本价一并转让给购房业主集体，用作物业管理办公、工作人员值班以及存放工具材料的用房。这一概念明确了物业管理用房的性质和用途：全体业主所共有并只能用于物业管理，所以《条例》第三十条规定："建设单位应当按照规定在物业管理区域内配置必要的物业管理用房。"

2. 必要性

物业服务企业是对小区进行维护和管理的核心部门，而物业管理用房是保证物业服务企业实施物业管理活动的最基本的条件之一，是物业服务企业正常发挥物业管理职能的重要条件。例如，办公设施、设备、物品的存放等都是与一定的住房联系在一起的。因此，没有相应的物业管理用房，物业服务企业将难以完成物业服务合同所约定的义务。

图 3－8　物业管理用房不计入公摊面积

另外，住宅设施是在施工以前就已经规划好的，房屋建成以后，很难对居住区域内的相应设施进行重建。因此，物业管理只有与开发建设联系起来，才能更好地完善物业服务。建设单位在建设项目的立项阶段就要做到全面规划、统筹安排，以使物业管理用房建设在工程勘察、设计、施工的各个阶段得以顺利实施。应当明确，该房产由开发商无偿提供，并不记入公摊面积。如图 3－8 所示。

案例分析

概述：由开发商建造的北京市房山区“科苑新城”小区商品房于 2001 年 5 月下旬开始办理产权初始登记，其中小区 9 号楼底层房地产信息登记为物业管理用房两间，面积分别为 70 平方米和 40 平方米，由开发商作为对外车位租赁处使用。“科苑新城”业主委员会于 2005 年 5 月 10 日成立，2011 年 11 月 20 日改选后的业主委员会向开发商主张交付物业管理用房，并支付从 2001 年 6 月起的使用费。

2012 年 12 月底，“科苑新城”业主委员会向法院起诉称，该小区住宅项目于 2000 年竣工，2001 年 6 月核准登记。在小区 9 号楼一层有面积约为 110 平方米的两处房屋，依据法律规定应当属于全体业主所有，但上述物业管理用房却一直被开发商占有。虽多次与开发商进行沟通要求腾退，但一直遭到拒绝，遂要求法院判令开发商腾让上述两处房屋，归小区全体业主所有；并支付腾退前的房屋使用费，该使用费从 2005 年 7 月 10 日起计算。

分析：物业管理用房主要为物业管理的目的而使用，所有权属于业主，因此开发商占有、使用物业管理用房必须经过法定程序且交纳相关的使用费。

本案中有争议的两间用房由开发商建造，等级为物业用房。《条例》第三十条规定：“建设单位应当按照规定在物业管理区域内配置必要的物业管理用房。”因此，开发商作为建设单位，应当按照规划配置管理用房，并向全体业主交付公示登记的物业管理用房，并支付使用费。为此，法院依法判决支持业主委员会的诉讼主张。

二、物业管理用房的权利属性

业主对物业管理用房所享有的所有权不是民法上的单一所有权，而是一种特殊的所有权，即建筑物的区分所有权。因此，业主无法单独对这些房屋进行占有、使用、处分和收益，必须按照建筑物区分所有权的规则来行使其所有权。物业管理用房为建筑物的共用部分，而非专有部分，因此不是某个业主单独所有，而是由全体业主共有，这些房屋的占有、使用、收益与处分应当由全体业主共同决定。物业服务企业之所以对物业管理用房享有占有与使用的权利，并不是因为物业服务企业是所有权人，而是根据物业服务合同的约定由业主授予的。

三、擅自改变物业管理用房用途的责任

物业管理用房的性质决定了它作为全体业主共有的物业设施，只能委托给物业服务公司用其从事日常物业服务工作，严禁改变其用途。为此，《条例》第三十七条规定："未经业主大会同意，物业服务企业不得改变物业管理用房的用途。"

为防止在实践中物业服务企业擅自改变房子用途的行为发生，《条例》第六十三条规定："违反本条例的规定，未经业主大会同意，物业服务企业擅自改变物业管理用房的用途的，应由县级以上地方人民政府房地产行政主管部门责令限期改正，给予警告，并处 1 万元以上 10 万元以下的罚款；有收益的，所得收益用于物业管理区域内物业共用部位、共用设施设备的维修、养护，剩余部分按照业主大会的决定使用。"

案例分析

概述：某居民小区的业主王某，最近发现自己楼下一间约 70 平方米的物业管理用房被物业服务公司出租给一家个体户用作酒店经营，该酒店每天排放的油烟致使王某和楼上的其他居民无法开窗生活。于是他们找到物业服务公司的负责人，要求物业公司收回物业用房，以恢复小区原貌。但该负责人却称出租合同未到期，不能随便终止合同，并认为物业管理用房归物业公司管理使用，他人无权干涉。

分析：《条例》第三十七条明确规定，物业管理用房的所有权依法属于全体业主，未经业主大会同意，物业服务企业不得改变物业管理用房的用途。否则，应依照《条例》第六十三条给予行政处罚。

本案中物业服务公司擅自将物业管理用房出租给他人，改作酒店进行经营使用，从而改变了物业管理用房的用途。同时，酒店每天排放的油烟也严重影响了楼上居民的正常生活，构成了侵权，且该出租行为未经业主大会同意，因此物业服务企业应当受到行政处罚。

四、建设单位不配置物业管理用房的法律责任

《条例》第六十二条规定"违反本条例的规定，建设单位在物业管理区域内不按照规定配置必要的物业管理用房的，县级以上地方人民政府房地产行政主管部门责令限期改正，应给予警告，没收违法所得，并处 10 万元以上 50 万元以下的罚款。"

实践中，地方政府为了强化开发商在此义务上的责任，经常以上述条款为基础，并结合地方实际，制定一些匹配性的行政规定。如 2008 年 5 月 22 日，福建省人大常委会在其表决通过的《福建省物业管理条例》中就规定："逾期无法提供物业管理用房的，责令建设单位按该物业管理区域物业销售平均价格向全体业主交纳规定面积的物业管理用房等价房款，并存入该物业管理区域专项维修资金专户。"

特别提示

1. 注意事项：结合《民法通则》第七十一条、第七十二条，住房和城乡建设部颁布的《房屋登记办法》进行学习。

2. 考证要点：《条例》第三十、三十七、六十二、六十三条。

拓展提高

熟悉《物权法》第七十三条；《房屋登记办法》第三十一条、第六十五条；《最高人民法院关于审理建筑物区分所有权纠纷案件具体应用法律若干问题的解释》第三条；《山东省物业管理条例》等。

思考练习

一、填空题

1. ________应当按照规定在物业管理区域内配置必要的物业管理用房。

2. 物业管理用房的所有权依法属于________。

3. 未经业主大会同意，________不得改变物业管理用房的用途。

4. 违反《条例》的规定，未经业主大会同意，物业服务企业擅自改变物业管理用房的用途的，由县级以上地方人民政府房地产行政主管部门责令限期________，给予________，并处 1 万元以上 10 万元以下的罚款。

二、选择题

1. 在物业管理区域内配置必要的物业管理用房的单位应该是（　　）。

A. 业主委员会　　B. 居委会　　C. 物业服务企业　　D. 建设单位

2. 要改变物业管理用房的用途，应当经过以下哪个主体的同意（　　）。

A. 物业管理公司　　B. 业主委员会　　C. 业主大会　　D. 原建设单位

3. 对于违反规定，未经业主大会同意，物业服务企业擅自改变物业管理用房的用途，从中获得收益的，对所得的收益应当做的处理是（　　）。

A. 归物业服务公司支配　　B. 归建设单位支配

C. 归居委会所有　　D. 用于本小区物业的维修和养护

4. 对于建设单位不在物业管理区域内配置物业管理用房的行为，《条例》并处的罚款数额是（　　）。

A. 1 万元以上 10 万元以下　　B. 10 万元以上 50 万元以下

C. 5 万元以上 10 万元以下　　D. 10 万元以上 100 万元以下

5. 建设单位在将物业管理用房转让给购房业主集体时，应当依照的价格是（　　）。

A. 建造成本价　　B. 整个小区房产市场价

C. 地方政府指导价　　D. 协商定价

三、简答题

物业服务企业擅自改变物业管理用房的用途应负的责任有哪些？

单元要点归纳

本单元的内容主要以《条例》第三章中的行政规定为基础，紧紧围绕“前期物业管理”这一核心要点展开编写。通过整体规划设计，本单元的五个任务基本将“核心要点”所涉及的主要问题有序包揽其中。只有完成以上五个任务，才能对前期物业管理工作有一个系统整体的把握。另外，本单元无论从结构，还是从内容来看，都起到一个承上启下的作用，其对应的专业实践尤为重要，其中任何一项责任义务落实不好，都会严重妨碍物业管理工作步入正轨。因此，本单元当属该课程的核心单元。

第四单元　物业管理服务

单元概述

随着我国市场经济制度的建立和发展，专业化的物业管理服务已逐渐取代传统的单位自行管理模式，成为与我们生活息息相关的重要部分。在本单元，我们主要就《条例》第四章物业管理服务的内容进行重点学习，帮助大家了解物业服务企业及人员的资质要求、物业服务企业的权利义务、物业服务合同的内容，学会正确行使业主权利、自觉履行业主义务，为我们日后从业与生活做好法律知识储备。本单元所涉及的主要内容如下图所示：

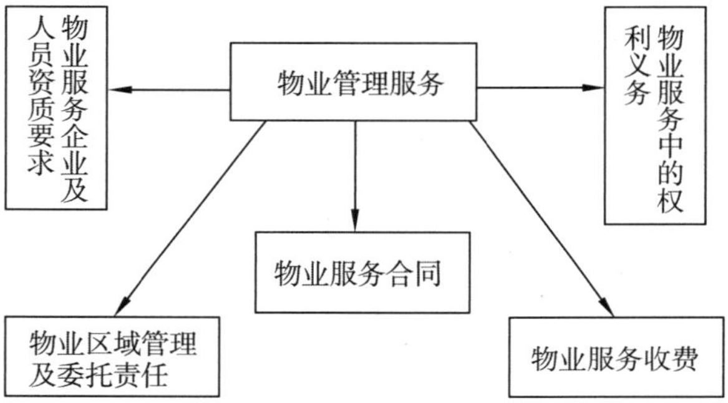

单元目标

- 知道物业服务企业及人员的资质要求，掌握违反要求应承担的责任
- 熟悉物业管理区域制度及划分原则，明确物业管理的委托责任
- 掌握物业服务合同的内容及相关的权利与义务
- 掌握物业服务收费应当遵循的原则和标准，能运用所学知识处理业主逾期不交物业管理费的问题。熟悉公用事业单位的收费原则，了解企业特约服务事项

学习任务1 物业服务企业及人员资质

任务概述

物业管理服务实质上是对业主共有的物业进行管理的一种活动，物业服务企业的资质及其管理水平，直接影响业主的生活环境和工作质量。为了整顿和规范物业管理市场，《条例》明确了从业人员应具有的资格要求，制定了物业服务企业资质管理办法。通过学习，在了解相关规定的同时，要明确无资质从事物业管理和聘用无从业资格人员应负的责任。作为未来的物业管理者，应当认真学习领会，为将来的实践工作做好必要的知识和技能储备。

任务目标

- 明确物业服务企业的资质有哪些，无资质从事物业管理的相应责任
- 能够明确对物业管理人员的资格要求以及聘用无从业资格人员应负的法律责任

学习内容

一、物业服务企业的资质

企业的资质是企业实力、规模和业绩的标志。

《条例》第三十二条规定："从事物业管理活动的企业应当具有独立的法人资格。国家对从事物业管理活动的企业实行资质管理制度。具体办法由国务院建设行政主管部门制定。"

没有资质的企业不能从事物业管理活动。另外，不同资质的物业服务企业所管理的物业类型及对从业人员的要求也不一样。

物业服务企业资质等级分为一、二、三级。新设立的物业服务企业，其资质等级按照最低等级核定，并设一年的暂定期。

二、无资质从事物业管理的责任

当企业违反《条例》第三十二条的规定，未取得资质证书从事物业管理活动时，《条例》第五十九条规定："由县级以上地方人民政府房地产行政主管部门没收违法所得，并处5万元以上20万元以下的罚款；给业主造成损失的，依法承担赔偿责任。以欺骗手段取得资质证书的，依照本条第一款规定处罚，并由颁发资质证书的部门吊销资质证书。"

上文所指的违反《条例》的规定具体包括：①未取得资质证书从事物业管理的，即无证经营。此种情形指相关组织不具备取得资质等级的条件，因而没有取得资质证书，按照规定不能从事物业管理，但是其从事物业管理的。②以欺骗手段取得资质证书。此种情形指相关组织采取了欺骗手段，使颁发资质证书的行政机关误认为其具备领取资质证书的条件，从而为其颁发了资质证书，实质上其并不具备领取相应资质证书的条件。具体包括不具备资质条件，采取欺骗的方式，伪造了相关资料、文件等申领了资质证书；具备较低资质等级的条件，采取欺骗的手段申领了较高资质等级的证书。

案例分析

概述：某小区业主委员会于 2003 年 9 月与某物业服务企业签订了物业管理服务合同，合同有效期为 3 年。但在其后的服务过程中，双方就小区物业管理的具体事项时常发生争议。2004 年 3 月建设部第 125 号令《物业服务企业资质管理办法》（以下简称《办法》）出台后，有业主扬言：待 5 月 1 日《办法》生效后，以物业服务企业不具备相应的资质为由解聘该物业公司。

分析：本案例中物业管理服务合同是在 2003 年 9 月 1 日国务院颁布的《物业管理条例》生效以后依法签署的，而建设部出台的《办法》是 2004 年 5 月 1 日才生效的部门规章。根据“法不溯及既往”等相关法律原则，该合同在合同有效期限内仍然是有效的。在此期间，即使是业主大会也不能以物业服务企业不具备《办法》规定的相应资质为由而单方面解除合同。

《办法》生效后，不符合《办法》规定的相应资质的物业服务企业，将丧失部分新项目投标资格和部分老项目续签合同的资格。

各地方政府主管部门是判断企业经营管理行为是否合法并作出相应行政决定的主体，业主无权就物业服务企业的资质是否合规作出认定。

三、从事物业管理人员的职业资格

职业资格是对从事某一职业的劳动者所必备的学识、技术和能力的基本要求。职业资格包括从业资格和执业资格。如图 4—1 所示。

图 4—1　国家职业资格证书

物业管理职业资格共设三个等级，分别为物业管理员（国家职业资格四级）、助理物业管理师（国家职业资格三级）、物业管理师（国家职业资格二级）。

四、物业管理师制度的主要规定

1. 物业管理师职业的准入

（1）物业管理师是指经全国统一考试，取得《中华人民共和国物业管理师资格证书》（以下简称《资格证书》），并依法注册取得《中华人民共和国物业管理师注册证》（以下简称《注册证》），从事物业管理工作的专业管理人员。

(2)县级以上地方人民政府房地产行政主管部门和人事行政部门按职责分工实施物业管理师职业准入制度。

2.物业管理师资格考试办法

(1)物业管理师资格实行全国统一大纲、统一命题的考试制度,原则上每年举行一次。

(2)申请参加资格考试的条件:

①取得经济学、管理科学与工程或土建类中专学历,工作满10年,其中从事物业管理工作满8年;

②取得经济学、管理科学与工程或土建类大专学历,工作满6年,其中从事物业管理工作满4年;

③取得经济学、管理科学与工程或土建类大学本科学历,工作满4年,其中从事物业管理工作满3年;

④取得经济学、管理科学与工程或土建类双学士学位或研究生班毕业,工作满3年,其中从事物业管理工作满2年。

(3)考试科目为《物业管理基本制度与政策》《物业管理实务》《物业管理综合能力》和《物业经营管理》。

(4)物业管理师资格考试合格,由人力资源和社会保障部、住房和城乡建设部委托省、自治区、直辖市人民政府人事行政部门,颁发人事部统一印制,人力资源和社会保障部、住房和城乡建设部用印的《资格证书》。该证书在全国范围内有效。以不正当手段取得《资格证书》的,自没收之日起,3年内不得再次参加资格考试。

3.物业管理师资格的注册审批

(1)取得《资格证书》的人员,经注册后方可以物业管理师的名义执业。住房和城乡建设部为物业管理师资格注册审批机构,省、自治区、直辖市人民政府房地产主管部门为物业管理师资格注册审查机构。

(2)取得《资格证书》并申请注册的人员,应当受聘于一个具有物业管理资质的企业,并通过聘用企业向本企业工商注册所在省的注册审查机构提出注册申请。从送审到批准予以注册,按规定一般需要50个工作日。

(3)物业管理师资格注册有效期为3年。《注册证》在有效期限内是物业管理师的执业凭证,由持证人保管和使用。

(4)初始注册者,可以自取得《资格证书》之日起1年内提出注册申请。逾期未申请者,在申请初始注册时,必须符合继续教育的要求。

(5)注册申请人以不正当手段取得注册的,注册审批机构应当撤销注册,并依法给予行政处罚;当事人在3年内不得再次申请注册;构成犯罪的,依法追究刑事责任。

4.初始注册需要提交的材料

(1)《中华人民共和国物业管理师初始注册申请表》;

(2)《资格证书》;

(3)与聘用单位签订的劳动合同;

(4)逾期申请初始注册人员的继续教育证明材料。

5.物业管理师的执业规定

(1)物业管理项目负责人应当由物业管理师担任。物业管理师只能在一个具有物业管理资质的企业负责物业管理项目的管理工作。

(2)物业管理师应当具备以下执业能力:

①掌握物业管理、建筑工程、房地产开发与经营等专业知识;

②具有一定的经济学、管理学、社会学、心理学等相关学科的知识;

③能够熟练运用物业管理相关法律、法规和有关规定;

④具有丰富的物业管理实践经验。

物业管理师应当接受继续教育、更新知识,不断提高业务水平,每年接受继续教育的时间应当不少于40学时。

五、物业服务企业聘用无从业资格人员的责任

物业服务企业应聘用有从业资格的人员进行物业管理,否则,将按有关规定追究责任。

从事物业管理的人员应当按照国家有关规定,取得职业资格证书。物业管理人员的素质决定了物业服务企业的服务水平和服务质量,因此国家对从事物业管理的人员实行执业资质证书制度。

物业服务企业违法聘用未取得物业管理职业资格证书的人员从事物业管理活动时,应承担以下两种责任:

一是行政法律责任。行政机关应当责令其停止违法行为,并解聘相应的人员,重新聘用有资格的人员从事物业管理。因为聘用不具有资格证书的人员的行为本身已经构成违法,所以只要是聘用了未取得职业资格证书的人员从事物业管理,就应当处以罚款。

二是民事法律责任。本条规定的民事法律责任是对于给业主造成损失的情况而言的。物业服务企业聘用没有取得职业资格证书的人员从事物业管理,是一种违反物业服务合同约定的行为,由此给业主造成损失的,应当承担相应的赔偿责任。民事赔偿和行政处罚并不能互相代替。

特别提示

1.注意事项:除掌握《条例》第三十二条、第五十九条等内容外,还应结合《物业服务企业资质管理办法》《物业管理师制度暂行规定》《物业管理师资格考试实施办法》加深理解。

2.考证考点:《条例》第三十二条、第五十九条。

拓展提高

《物业服务企业资质管理办法》第五条、第八条、第十一条;《物业管理师制度暂行规定》第九条;《物业管理师资格认定考试办法》。

思考练习

一、填空题

1. 从事物业管理活动的企业应当具有________的法人资格。
2. 物业服务企业的资质，可分为________、________、________三个等级。
3. 从事物业管理的人员应当按照国家的有关规定，取得________。
4. 物业服务企业聘用未取得物业管理职业资格证书的人员从事物业管理活动的，由县级以上地方人民政府房地产行政主管部门责令停止违法行为，处________以下的罚款。
5. 国家对从事物业管理活动的企业实行________制度，具体办法由国务院建设行政主管部门制定。

二、选择题

1. 一级资质的物业服务企业，其注册资本需人民币(　　)以上。

A. 100 万元　　B. 200 万元　　C. 300 万元　　D. 500 万元

2.《条例》第五十九条规定："违反本条例的规定，未取得资质证书从事物业管理的，由县级以上地方人民政府房地产行政主管部门没收违法所得，并处(　　)的罚款；给业主造成损失的，依法承担赔偿责任。"

A. 5 万元以下　　B. 5 万元以上 20 万元以下

C. 20 万元以上　　D. 不罚款

3. 物业服务企业在工商局注册登记后，还要经过(　　)的必要程序才可开业。

A. 资质审批

B. 企业经理取得住房和城乡建设部颁发的经理岗位证书

C. 在银行存入资本金

D. 取得上级主管部门批文

4. 不属于刚注册成立的物业服务企业的资质要求的是(　　)。

A. 遵守法规规章　　B. 履行合同

C. 诚信经营　　D. 企业收入

5. 物业管理师资格实行全国统一大纲、统一命题的考试制度，原则上每年举行(　　)次。

A. 一　　B. 两　　C. 三　　D. 四

三、简答题

无资质从事物业管理的责任是什么？

学习任务2 物业管理区域及委托责任

任务概述

"物业管理区域"是物业管理中的一个基本概念，在《条例》中出现了27次，可见其重要性。明确物业管理区域的概念和划分原则，正确理解一个物业管理区域只能由一个物业服务企业进行管理，是物业服务企业及时有效进行服务的前提条件。准确理解并掌握"物业服务专项业务转委托"的内在要求及法律限制是本节的重要内容。所以，不仅要全面学好相应的法律法规，还要适时到物业服务企业进行必要的调查和观摩，以达到巩固知识的目的。

任务目标

- 理解物业管理区域的概念及划分原则
- 熟知"转委托"的内在要求以及违反相关限制应负的法律责任

学习内容

一、物业管理区域及其划分

《条例》第九条规定："一个物业管理区域成立一个业主大会。物业管理区域的划分应当考虑物业的共用设施设备、建筑物规模、社区建设等因素。具体办法由省、自治区、直辖市制定。"同时《条例》第三十三条也规定"一个物业管理区域由一个物业服务企业实施物业管理。"

例如，《武汉市物业管理条例》第五条作出明确规定：物业管理区域的划分，应当遵循相对集中、便于管理的原则，并考虑物业共用设施设备、建筑物规模、社区建设等因素，按照下列标准执行：

①以建设项目《国有土地使用证》宗地图用地范围线为准，一个项目视为一个物业管理区域；但规模过大，划分为一个物业管理区域不便于管理的，或者已分隔成多个自然街坊或者封闭小区的，可以分别划分为独立的物业管理区域；

②分期建设项目或者两个以上单位开发建设的项目，其配套设施设备共用的，划分为一个物业管理区域；

③已建成、共用设施设备比较齐全、相对集中的项目，划分为一个物业管理区域。

一般情况下，一个住宅小区就是一个物业管理区域，只能由一个物业公司进行管理。业主如果对物业公司不满，必须通过业主委员会进行交涉。业主不能按照自己的意愿，在没有业主委员会的情况下，擅自拒绝小区物业的统一管理。

但在实践中，有多家物业服务公司共同管理一个物业区域的现象。如建设单位选聘的公司和业主委员会选聘的公司同时为同一物业管理区域提供物业服务；有的业主委员会将物业管理区域自行划分为几个小的区域，分别委托几家公司实施物业管理，从而造成诸多混乱，业主意见极大。鉴于此，才有了本条规定。

二、物业管理委托责任

《条例》第三十九条规定："物业服务企业可以将物业管理区域内的专项服务业务委托给专业性服务企业，但不得将该区域内的全部物业管理一并委托给他人"。

该规定有两层含义：

(1)物业服务企业可以将专项服务业务委托给专业公司，如保洁公司、保安公司、设备维修公司、绿化公司等。如图 4—2 所示。

(2)不能将全部的物业管理业务一并委托给他人。因为合同具有相对性，且业主需要的是专业化的物业服务，是业主根据物业服务企业的资质、业绩、履约能力等做出的选择。如果物业服务企业将全部物业服务委托给他人，势必违背了业主选择该物业服务企业的初衷，从而损害合同相对人的合法权益。

图 4—2 物业专项服务业务

为防止某些物业服务企业出现第二种情形，《条例》第六十条专门作出规定："违反本条例的规定，物业服务企业将一个物业管理区域内的全部物业管理一并委托给他人的，由县级以上地方人民政府房地产行政主管部门责令限期改正，处委托合同价款 30％以上 50％以下的罚款；情节严重的，由颁发资质证书的部门吊销资质证书。委托所得收益，用于物业管理区域内物业共用部位、共用设施设备的维修、养护，剩余部分按照业主大会的决定使用；给业主造成损失的，依法承担赔偿责任。"

《条例》第六十条规定的违法行为具有双重性质，既违反了行政管理秩序，也违反了物业服务合同的约定，所以要给予处罚。

专项服务业务转委托之后，物业服务企业和业主之间仍然是物业服务合同关系，物业服务企业和专业服务企业之间属于委托服务合同关系，委托服务合同的内容不得与物业服务合同的内容相抵触，专业服务企业与业主之间不存在合同关系。但是，专业服务企业在履行委托服务合同时，应当遵守物业管理区域内的规章制度，不得侵害业主的合法权益。物业服务企业就专业服务企业提供的服务向业主负责。

案例分析

概述：光明小区的前期物业管理由A公司负责，但是A公司在合同没结束之前擅自将物业服务业务转交给B公司，但开发商未与B公司签订物业服务合同。后小区业主委员会成立，但未聘用B公司，而是与C公司签订了物业服务合同。所以，光明小区部分业主以B公司没有与业主或开发商签订物业服务合同为由拒绝支付物业管理费。

B公司认为自己是经A公司同意，接替A公司继续提供物业管理服务的。在A公司撤走至C公司进小区前，B公司提供了物业管理服务，有权收取物业管理费和滞纳金。

分析：B公司不能收取物业管理费。理由一：《条例》第二条规定，物业管理是指业主通过选聘物业服务企业，由业主和物业服务企业按照物业服务合同的约定，而对物业管理区域进行管理的活动。显然，本案例中业主没有与B公司签订物业服务合同，不存在契约关系。理由二：《条例》第三十九条规定，物业服务企业可以将物业管理区域内的专项服务业务委托给专业性服务企业，但不得将该区域内的全部物业管理一并委托给他人。因此，A与B的合同无效。按照《条例》第六十条的规定，小区所在的地方人民政府房地产行政主管部门对A、B两家公司的错误行为进行了整改和处罚，并认定业主选聘C公司的行为是完全合法有效的。

特别提示

1. 注意事项：除掌握《条例》第九条、第三十三条、第三十九条、第六十条等内容外，还应结合《合同法》第二十一章、《物权法》《最高人民法院关于审理物业服务纠纷案件具体应用法律若干问题的解释》加深理解。

2. 考证考点：《条例》第三十三条、三十九条、六十条。

拓展提高

熟悉《合同法》第四百条、《民法通则》第六十八条、《物权法》第八十二条关于委托管理的相关要求。

思考练习

一、填空题

1. 物业服务企业只能把物业管理区域内的________委托给其他服务类公司。
2. 如果物业服务企业将一个物业管理区域内的全部物业管理一并委托给他人，情节严重的，由颁发资质证书的部门________。
3. 如果物业服务企业将一个物业管理区域内的全部物业管理一并委托给他人，处委托合同价款________以上________以下的罚款。
4. 物业管理区域的划分应当考虑物业的________、________、________等因素。
5. 委托所得收益，用于物业管理区域内物业共用部位、________的养护，剩余部分按照业主大会的决定使用。

二、选择题

1. 物业服务企业可以将物业管理区域内的服务业务进行（　　）。

A. 全部委托　　B. 部分委托　　C. 全部委托或部分委托　　D. 差别委托

2. 物业服务企业若擅自将一个物业管理区域内的全部物业管理一并委托给他人，按照《条例》第六十条的规定，应由县级以上地方人民政府房地产行政主管部门责令限期改正，然后处委托合同价款（　　）的罚款。

A. 30%以下　　B. 50%以上　　C. 30%以上 50%以下　　D. 100%

3. 以下哪种业务可以委托其他管理服务公司进行管理（　　）。

A. 设备运行与维护　　B. 设施运行与维护

C. 物业区域的环境　　D. 以上选项都可以

4. 对于委托收益，除应用于物业管理区域内的公共事业外，剩余部分应按照（　　）的决定使用。

A. 业主委员会　　B. 全体业主　　C. 居民委员会　　D. 业主代表

5. 如果物业服务企业将一个物业管理区域内的全部物业管理一并委托给他人，情节严重的会（　　）。

A. 停业修整

B. 更换物业

C. 处委托合同价款 30%以上 50%以下的罚款

D. 吊销执照

三、简答题

物业服务企业违反委托管理限制的要求，将一个物业管理区域内的全部物业管理一并委托给他人，应承担的责任有哪些？

学习任务3　物业服务合同

任务概述

合同是双方当事人之间设立、变更、终止民事法律关系的协议。在物业服务中，调整业主和物业服务企业关系的重要依据是物业服务合同。在今后的工作和生活中，正确认识物业服务合同的性质、熟悉合同的内容、明确业主和物业服务企业的权利和义务，是合理解决物业纠纷、保障业主利益的关键。要全面掌握和理解物业服务合同，首先要熟悉《条例》及其他法律、法规的相关规定，还要结合案例深入实践，这样才能在今后的工作和生活中做到学以致用。

任务目标

- 熟练掌握物业服务合同所涉及的基本内容
- 正确理解双方当事人违反合同约定应承担的法律责任
- 掌握物业服务企业在服务终止时，应履行的责任与义务

学习内容

一、物业服务合同的几个方面

1.物业服务合同的概念

物业服务合同是指物业服务企业与业主委员会订立的，规定由物业服务企业对房屋及配套的设施设备和相关场地进行专业化维修、养护、管理，维护相关区域内的环境卫生和公共秩序，由业主支付报酬的服务合同。如图4—3所示。

图4—3　物业服务合同是权利义务的保障

案例分析

概述：王某经营的超市位于某小区内。2004年4月1日，小区业主委员会与华盛物业公司签订了物业服务合同。合同签订后，华盛物业公司按约定提供了物业服务。但王某以其与物业公司之间没有签订物业服务合同、物业公司给其经营的商业网点提供的服务不多为由，拒交物业费。在多次交涉未果后，华盛物业公司于2005年1月1日将王某诉至法院，要求其支付拖欠的2004年第二至第四季度的物业管理费共计5 400元。法院经审理认为，王某作为业主，物业服务合同对其具有约束力，其负有向物业公司交纳物业费的义务，判决王某一次性付给物业公司物业管理费5 400元。

分析：《条例》规定，业主委员会依法成立后，业主委员会与物业公司之间签订的物业服务合同对全体业主具有约束力。如果业主委员会未与物业公司签订书面的物业服务合同，但业主事实上接受了物业服务，则业主应按照实际发生的服务的价格向物业公司交纳相应的费用。

2.物业服务合同的种类

依据《条例》及相关法规的规定，物业服务合同主要包括两种，即前期物业服务合同和物业服务合同。

(1)前期物业服务合同。前期物业服务合同是指建设单位在物业销售之前与物业服务企业依法签订的、明确双方权利义务关系的协议。

开发商往往采取“滚动开发”的形式分期建设，分期销售，这样业主入住就有一个过程。即使某个小区只有一个楼盘或者只有一期工程，所有的业主也不可能同时入住。因此，自从开发商将物业交付给业主，一直到业主成立业主大会决定选聘物业服务企业之前，必然有一个过程，此过程离不开物业服务企业提供的物业管理服务。另外，在物业的规划设计、工程施工、设施设备安装、物业竣工验收等环节，也需要物业服务企业早期介入。这个阶段的物业管理就是前期物业管理。

前期物业服务合同除了具有广义物业服务合同的特征外，还具有以下特征：

①前期物业服务合同由建设单位与物业服务企业签订。前期物业管理阶段不具备召开业主大会会议的条件，业主委员会尚未成立，不能够形成统一意志来选聘物业服务企业。而此时，客观上需要物业服务企业提供物业管理服务。为了维护正常的秩序，保护业主的合法权益，只能由建设单位选聘物业服务企业。而且，此时的建设单位拥有物业，是第一业主，这也是建设单位能够签订前期物业服务合同的依据。

建设单位在选聘物业服务企业、签订前期物业服务合同时，应当充分考虑和维护未来业主的利益。

②前期物业服务合同具有过渡性。前期物业服务合同的有效期限，始于前期物业服务合同双方约定的生效时间，止于业主委员会与业主大会选聘的物业服务企业签订的物业服务合同生效之时。因为业主大会的成立时间具有不确定性，所以前期物业服务合同的期限也是不确定的，具有过渡性。无论前期物业服务合同是否约定了有效期限、期限是否届满，只要业主委员会与物业服务企业签订的物业服务合同生效的，前期物业服务合同就自动终止。《服务条例》第二十六条规定：“前期物业服务合同可以约定期限；但是，期限未满、业主委员会与物业服务企业签订的物业服务合同生效的，前期物业服务合同终止。”

(2)物业服务合同。物业服务合同指业主委员会代表业主与物业服务企业签订的物业服务合同。

当入住的业主达到一定比例时，应当按照规定及时成立业主大会，选举产生业主委员会。业主委员会成立后，一项重要的工作就是选聘物业服务企业，并与中标的物业服务企业签订物业服务合同。该合同生效时，原建设单位与物业服务企业所签订的前期物业服务合同自动失效。

物业服务合同与前期物业服务合同既有相同之处，又有差异，具体见下表：

物业服务合同与前期物业服务合同的异同

		前期物业服务合同	物业服务合同
不同点	合同订立主体	一方为建设单位 一方为物业服务企业	一方为业主 一方为物业服务企业
	合同签订时间	建设单位出售物业之前	一般应在业主委员会成立后三个月内，最迟不超过六个月
	合同有效期限	合同有效期自约定前期物业服务合同生效之日起，至物业服务合同生效之日至	合同有效期由双方协商约定
相同点		1.合同客体相同，都是物业管理服务活动 2.合同内容基本相同	

3.涉及的主要事项

《条例》第三十四条规定："业主委员会应当与业主大会选聘的物业服务企业订立书面的物业服务合同。物业服务合同应当对物业管理事项、服务质量、服务费用、双方的权利义务、专项维修资金的管理与使用、物业管理用房、合同期限、违约责任等内容进行约定。"

当物业服务合同终止时，物业服务企业应将相关资料交还给业主委员会。若选出新的物业服务企业，则应做好交接工作。物业服务合同的内容应当由当事人约定。

4.签订物业服务合同应注意的问题

为避免或者减少日后的纠纷，或纠纷发生后易明确责任，物业服务合同主体在对合同内容进行谈判协商时，应注意以下两点：

(1)合同内容宜细不宜粗。合同的每一条款要详细、具体、明确、操作性强，避免出现模棱两可、容易产生误解的词语。

(2)不应有无偿、无期限的承诺。在物业管理市场竞争日益加剧的情况下，有的物业服务企业为了提高中标的可能性，往往提出无偿、无期限的承诺。但一旦中标，对物业管理工作是很不利的，也不符合合同订立的原则。

按照有关法律规定，甲方(委托方)可以向乙方(物业服务企业)无偿提供物业管理办公用房。除此以外，在物业服务合同中，不应再有无偿、无期限的承诺。物业服务合同是有期限的，无期限的承诺理论上讲不通，实践中也难以做到。承诺做不到的事项，有悖诚实守信的原则。

5.物业服务合同的效力

合同的效力是指法律赋予依法成立的合同具有的强制力，又叫合同的法律效力。物业服务合同的成立以至生效必须具备以下条件：

(1)主体合格。主体合格是指订立合同的主体必须具有相应的民事权利能力和民事行为能力。物业服务合同的主体，一方是特定物业的所有权人，即业主；另一方是物业服务活动的提供者，即物业服务企业。

《条例》规定，业主委员会是业主大会的执行机构，代表业主与业主大会选聘的物业服务企业签订物业服务合同。

需要说明的是，签订合同的业主委员会成员必须由业主大会、业主委员会委托。个别人以业主委员会成员的身份，为一己之利，私下与物业公司签订的合同，因主体不合格而无效。

作为另一方主体的物业服务企业，必须有独立的法人，并具有相应的资质。

(2)内容合法。内容合法是指物业服务合同的内容必须符合法律、行政法规的规定，不得损害社会公共利益。

《合同法》第五十二条规定，有下列情形之一的，物业服务合同无效：

①一方以欺诈、胁迫的手段订立合同，损害国家利益；

②恶意串通，损害国家、集体或者第三人利益；

③以合法形式掩盖非法目的；

④损害社会公共利益；

⑤违反法律、行政法规的强制性规定。

(3)意思表示必须真实。合同当事人的意思表示必须真实、自愿。合同是当事人意思表示一致的法律行为，只有在平等、自愿、公平、诚实守信的基础上，经双方协商，达成合意，合同才能成立。

意思表示不真实的合同并不一定无效，其效力取决于当事人的意志。根据《民法通则》《合同法》的规定，在以下三种情况之一的，当事人一方可以请求人民法院或者仲裁机构变更或者撤销合同：

①因重大误解订立的合同；

②在订立合同时显失公平的合同；

③一方以欺诈、胁迫的手段或者乘人之危，使对方在违背真实意思的情况下订立的合同。

当事人请求变更的，人民法院或者仲裁机构不得撤销。被撤销的合同自始没有法律约束力。

(4)合同必须采用书面形式。因为物业服务合同业主主体方人数众多，涉及面广，内容繁杂，履行期长，所以法律规定，物业服务合同应当采取书面形式。但是，合同形式不符合要求并不一定导致合同无效，尤其是在合同已经实际履行的情况下判定合同无效，将不利于稳定物业管理市场的经济秩序，降低合同履约率。《合同法》第三十六条规定："法律、行政法规规定或者当事人约定采用书面形式订立合同，当事人未采用书面形式但一方已经履行主要义务，对方接受的，该合同成立。"第三十七条规定："采用合同书形式订立合同，在签字或者盖章之前，当事人一方已经履行主要义务，对方接受的，该合同成立。"

6.物业服务合同的变更、转让

(1)合同的变更。合同的变更又称变更合同,是指合同签订后至未履行或者未完全履行之前,当事人经过协商对原合同的内容进行修改或补充。当事人变更合同的形式可以协商决定,一般要与原合同的形式一致。

物业服务合同签订后,业主和物业服务企业可以依据法律规定变更物业服务的事项、物业服务费用等内容。合同变更后,新的内容取代了原来合同的内容,当事人应当履行变更后的合同。

(2)合同的转让。合同的转让是指合同主体的变更,是指合同的一方当事人依法将合同的全部或者部分权利义务转让给第三人,而合同的内容不发生变化。

合同的转让包括合同权利的转让(即债权转让)、合同义务的转让(即债务承担)、合同权利义务的概括转让三种类型。

①债权转让。债权转让是指合同债权人通过协议将其债权的全部或者部分依法转让给第三人的行为。原债权人称为让与人,新债权人称为受让人。

②债务承担。债务承担又称债务转让、合同义务的转让,是债务人将合同的义务全部或部分转移给第三人的行为。在债务全部转移的情况下,债务人脱离原来的合同关系而由第三人取代原债务人承担原合同债务,原债务人不再承担原合同中的责任。在债务部分转移的情况下,原债务人没有脱离债的关系,而第三人加入债的关系,并与债务人共同向同一债权人承担责任。

债务人转移义务的,应当经债权人同意,这是与债权转让的最大区别。

③债权债务的概括转让。债权债务的概括转让是指合同的一方当事人将其债权债务一并转移给第三人,由第三人概括地接受这些债权债务。如甲公司一次性买断乙公司的产权,乙公司的所有债权债务都转移到甲公司,这就是概括转让。

物业服务合同签订后,当事人可以依法转让其权利、义务。但是《条例》第三十九条规定:“物业服务企业可以将物业管理区域内的专项服务业务委托给专业性服务企业,但不得将该区域内的全部物业管理一并委托给他人。”

二、违反合同约定的责任

《条例》第三十五条规定:“物业服务企业应当按照物业服务合同的约定,提供相应的服务。物业服务企业未能履行物业服务合同的约定,导致业主人身、财产安全受到损害的,应当依法承担相应的法律责任。”

物业服务企业违反了物业服务合同,应当承担的违约责任《条例》没有给予明确规定,因此应根据《合同法》第一百零七条、第一百一十四条的有关规定加以解决,主要有继续履行、支付违约金、赔偿损失以及采取必要的补救措施等。

案例分析

概述：李女士系北京市丰台区某小区的业主，2012年6月21日晚，经过李女士家房屋的共用污水管开始向外渗水，李女士赶忙叫来物业公司专业人员进行维修，但污水管又于2012年6月28日再次向外漏水。由于这次破损口较大，污水很快将李女士家的地板、家具、墙面等浸泡，致使李女士家损失严重。李女士多次与物业公司协商赔偿事宜，但一直未得到理想回复。于是，李女士一纸诉状将物业公司告上了法庭，要求物业公司彻底修好漏水的公共污水管道，并赔偿其因管道漏水造成的经济损失2.3万元。

分析：根据物业服务合同，物业服务企业有义务提供约定的物业管理服务，包括对公共管道与设施设备等进行维修、养护。未履行合同约定的义务，导致业主人身、财产安全受到损害的，物业服务企业将承担违约责任或民事侵权责任。

本案中李女士家的公共污水管道属于公共设施，依据双方签订的物业服务合同，李女士所在的小区物业服务公司应当对此类公共设施承担维修、养护的义务，否则将承担相应的法律责任。

在通过李女士家的公共污水管道往外渗水时，物业公司尽管也进行了维修，但没能彻底修好，是后来李女士家遭受损失的直接原因。据此可以认定物业服务公司没有完全履行合同约定的义务，并由此给业主造成了损失，因此应当依规定承担法律后果。

三、物业服务合同的终止

《条例》第三十八条规定："物业服务合同终止时，物业服务企业应当将物业管理用房和本条例第二十九条第一款规定的资料交还给业主委员会。物业服务合同终止时，业主大会选聘了新的物业服务企业的，物业服务企业之间应当做好交接工作。"

物业服务合同终止一般包括以下两种情形：

(1)债务已经按照约定履行。当事人完全履行了合同约定的债务，实现了债权目的，使合同的权利义务自然归于消灭。

②合同解除。合同订立后，双方当事人协商一致，依法解除合同的效力，使权利义务归于消灭。合同解除分法定解除和约定解除两种。

合同消灭的其他原因主要是指法律有明确规定的情况下，因合同具备了特定的条件而使合同关系消灭。

物业服务合同当事人可以依法终止合同，合同终止时，物业服务企业要做好交接工作。《条例》规定物业服务合同终止时，物业服务企业应当将物业管理用房和条例规定的资料交还给业主委员会。

特别提示

1. 释疑：物业服务企业未能履行物业服务合同中的约定，导致业主人身、财产安全受到损害的，要依法承担相应的法律责任。所谓“依法”，主要是指依照《民法通则》《合同法》《刑法》以及《条例》等法律、法规的规定。所谓“相应”，有两层含义，一是根据不同的情况承担不同类型的责任；二是根据物业服务合同的不同约定承担不同的责任。

2. 考证要点：《条例》第三十四条、第三十五条、第三十八条。

拓展提高

初步了解《合同法》第八条、第十条、第十一条、第六十条、第九十一条、第九十二条等内容，熟悉有关合同的成立、形式、解除及违约责任等知识。

思考练习

一、填空题

1. 物业服务合同是指物业服务企业与业主委员会订立的，规定由物业服务企业对________及________和相关场地进行专业化维修、养护、管理，维护相关区域内的________和________，由业主支付报酬的服务合同。
2. 物业服务合同应当对物业管理事项、服务质量、服务费用、________、专项维修资金的管理与使用、________、合同期限、违约责任等内容进行约定。
3. 物业服务企业未能履行物业服务合同的约定，导致业主人身、财产安全受到损害的，应当________。
4. 物业服务合同终止时，业主大会选聘了________的，物业服务企业之间应当做好交接工作。
5. 物业服务企业在物业服务合同终止时，应当将________和________交还给业主委员会，而不是交还给业主大会。

二、选择题

1. 物业服务合同是指（　　），由业主支付报酬的服务合同。

   A. 物业服务企业与业主委员会订立的　　B. 物业服务企业订立的

   C. 业主委员会订立的　　D. 物业服务企业与业主大会订立的

2. 业主委员会重新选聘物业服务企业后，被撤换的物业服务企业应将物业管理资料交给（　　）。

   A. 开发建设单位　　B. 业主委员会

   C. 接管的物业服务企业　　D. 物业行政主管部门

3. 物业服务企业与业主之间基于物业服务合同形成交易关系，双方交易的标的物是（　　）。

   A. 物业服务合同　　B. 物业管理服务

   C. 特约服务　　D. 专项服务

4. 物业管理服务，是指业主与物业服务企业通过物业服务合同约定的(　　)服务，主要包括对房屋及配套的设施设备和相关场地进行维修、养护、管理，维护相关区域内的环境卫生和秩序。

A. 公共性　　B. 私密性　　C. 义务性　　D. 程序性

5. 物业服务企业在物业服务合同终止时，应当将物业管理用房和物业资料交还给(　　)。

A. 业主委员会　　B. 业主大会　　C. 物业公司　　D. 所在地房管局

三、简答题

物业服务企业的义务和责任有哪些?

学习任务4 物业服务收费

任务概述

在物业管理活动中，物业服务是一种产品，业主需要何种质量的产品以及这种产品的费用，《条例》都给出了明确的标准，而且还就收费监督、业主特约服务、企业代收及相关违约的法律责任等作了相应规定。不但为物业服务收费的市场化提供了法律依据，而且有效保障了业主的合法权益。所以，正确理解并掌握以上法规要求，对于未来从业过程中有效履行义务，避免收费纠纷具有重要意义。

任务目标

- 清晰掌握物业服务收费应当遵循的原则和标准
- 初步掌握物业费用交纳的三种情形，熟知物业收费监督渠道
- 正确掌握业主逾期不交费用时可选择的解决办法
- 熟知特约服务的基本要求
- 明确公用事业单位的收费类别和标准以及物业公司接受委托提供代收服务应注意的事项

学习内容

一、物业服务收费几个相关的因素

1. 物业服务收费的概念

物业服务收费是指物业服务企业按照物业服务合同的约定，对房屋及配套的设施设备和相关场地进行维修、养护、管理，维护相关区域内的环境卫生和秩序，向业主所收

取的费用。如图4－4所示。

2.物业服务收费的原则

《条例》第四十条规定："物业服务收费应当遵循合理、公开以及费用与服务水平相适应的原则，区别不同物业的性质和特点，由业主和物业服务企业按照国务院价格主管部门会同国务院建设行政主管部门制定的物业服务收费办法，在物业服务合同中约定。"

图4－4　交纳物业费是业主应尽的义务

本条规定有以下几层含义：①物业服务费用应当由业主和物业服务企业协商确定。②不同性质和特点的物业，物业服务费用也应有所不同。③物业服务收费应当遵循合理、公开以及费用与服务水平相适应的原则。④业主和物业服务企业应当按照《物业服务收费管理办法》确定物业服务费用。

3.物业服务收费应当注意的几点事项

(1)明码标价。物业服务企业应当按照政府价格主管部门的规定明码标价，在物业管理区域内的显著位置，将服务内容、服务标准以及收费项目、收费标准等有关情况进行公示。

(2)收费形式。业主与物业服务企业可以采取包干制或者酬金制等形式约定物业服务费用。

包干制是指由业主向物业服务企业支付固定的物业服务费用，盈余或者亏损均由物业服务企业承担。

酬金制是指在预收的物业服务资金中按照约定比例或者约定数额提取酬金支付给物业服务企业，其余全部用于物业服务合同约定的支出，结余或者不足均由业主承担。

(3)服务费用的构成。实行物业服务费用包干制的，物业服务费用的构成包括物业服务成本、法定税费和物业服务企业的利润。实行物业服务费用酬金制的，预收的物业服务资金包括物业服务支出和物业服务企业的酬金。

物业服务成本或者物业服务支出一般包括以下部分：

①管理服务人员的工资、社会保险和按规定提取的福利费等；

②物业共用部位、共用设施设备的日常运行、维护费用；

③物业管理区域清洁卫生费用；

④物业管理区域绿化养护费用；

⑤物业管理区域秩序维护费用；

⑥办公费用；

⑦物业服务企业固定资产折旧；

⑧物业共用部位、共用设施设备及公众责任保险费用；

⑨经业主同意的其他费用。

物业共用部位、共用设施设备的大修、中修和更新、改造费用，应当通过专项维修资金予以列支，不得计入物业服务支出或者物业服务成本。

（4）实行物业服务费用酬金制的，预收的物业服务支出属于代管性质，为所交纳的业主所有，物业服务企业不得将其用于物业服务合同约定以外的支出。

物业服务企业应当向业主大会或者全体业主公布物业服务资金年度预决算，并每年不少于一次公布物业服务资金的收支情况。

业主或者业主大会对公布的物业服务资金年度预决算和物业服务资金的收支情况提出质询时，物业服务企业应当及时答复。

物业服务收费采取酬金制方式的，物业服务企业或者业主大会可以按照物业服务合同的约定聘请专业机构对物业服务资金年度预决算和物业服务资金的收支情况进行审计。

二、交费及监督

1.交费

《条例》第四十一条规定："业主应当根据物业服务合同的约定交纳物业服务费用。业主与物业使用人约定由物业使用人交纳物业服务费用的，从其约定，业主负连带交纳责任。已竣工但尚未出售或者尚未交给物业买受人的物业，物业服务费用由建设单位交纳。"

从本条规定来看，物业服务费用的交纳分三种情形，即业主交纳、使用人交纳、建设单位交纳。

2.监管

《条例》第四十二条规定："县级以上人民政府价格主管部门会同同级房地产行政主管部门，应当加强对物业服务收费的监督。"

（1）审批制度。在物业已交付使用但尚未成立业主委员会前，物业综合服务收费一般由物业服务企业在政府指导价范围内提出，报县级以上物价局核定审批。另外，物业服务企业对全体业主提供的公共性服务收费，如装修保证金、有线电视入网费、电费周转金等也应报物价局审批。

（2）备案制度。业主委员会成立后，物业服务费标准由物业服务企业与业主委员会在物业服务合同中按照政府指导价的范围约定或由双方协商确定，并报物价局备案。

（3）许可证制度。为了使政府有效监管物业服务收费行为，我国许多地方实行物业服务收费许可证制度。此制度在《经营性收费管理规定》中有明确规定，即政府定价的经营服务收费管理实行许可证制度和年审制度。

（4）处罚制度。除以上物业服务收费许可证制度外，有关部门有权对违法违规行为进行监管，如《城市住宅小区物业管理服务收费暂行办法》第十五条的规定。

案例分析

概述:2005 年 6 月李某购买了某小区一套房屋,并于同年 10 月入住,该小区由某物业公司提供物业服务。自 2006 年 3 月起,李某以所购房屋存在质量问题、物业公司未尽到物业管理服务为由,拒不交纳物业服务费。物业公司多次向李某催讨物业服务费未果后,于 2008 年 4 月将其诉至法院,请求法院判令李某支付 2006 年 3 月至起诉前的物业费合计 3 000 元。法院经审理认为,物业公司与业主李某之间是物业服务关系,开发商与业主李某之间是商品房买卖关系。物业公司与开发商是两个独立的民事主体,依据我国法律规定和合同约定,应当各自承担民事责任。

分析:本案中,李某主张其房屋存在质量问题,应由物业公司修缮,但其与物业公司之间的物业服务合同中并未约定后者有对其房屋专有部分进行修缮的义务,而商品房买卖与物业服务是两个不同的民事法律关系。因此,对于房屋质量问题,李某应当依据有关法律的规定和商品房买卖合同的约定,向开发商主张。其不能因房屋质量问题而将对开发商的不满转嫁到物业公司身上,并以此为由拒交物业服务费。据此,法院支持了物业公司的诉讼请求。

三、物业服务费用的一般收缴程序

物业管理公共服务收费按一般的收缴程序进行,首先要形成一个确定的收费标准。一般程序是由物业服务企业按照物业服务费的组成做分项预算,然后将预算报告提交业主委员会讨论、审核,经表决通过后,形成一个合理、合法的收费标准。此后,物业服务企业要将物业服务费标准审议会议的决议,连同费用标准一同印发给每位业主(用户),并且从通过之日起按这一标准执行。

物业服务企业在每次新的费用标准通过后,只需将每一费用项目的标准一次性向业主公布。通知之后,在以后每月发收费通知单时,只需通知费用总额即可。

为了使业主能对物业服务费一目了然,同时也方便物业服务企业管理,通常给住户的物业服务费用通知单只是一个总数。

四、违约责任

《条例》第六十五条规定:"违反物业服务合同约定,业主逾期不交纳物业服务费用的,业主委员会应当督促其限期交纳;逾期仍不交纳的,物业服务企业可以向人民法院起诉。"如图4—5所示。

图 4—5 因拒交物业费而对簿公堂

该条说明,享受了物业服务的业主不交纳服务费的行为,既是一种违约行为,也有可能构成侵权违法,即可能损害其他按时交费业主的权益。所以,面对该种行为,《条例》第六十五条作了上述规定。但上述手段也往往暴露出费时费力的缺陷,实践中以下手段有时更切实可行。

(1)当事人双方协商解决。物业服务企业与欠费业主双方在自愿、平等、互谅互让的基础上就欠费问题进行协商,以解决双方之间的争议。如此,可最大限度地避免双方的经济损失,维护双方的社会声誉,对双方都有利 。如图 4—6 所示。

图 4—6 友好协商对双方都有利

(2)由物业管理协会或者其他第三方调解解决。随着物业管理协会组织建设的不断完善,其在物业管理行业中的地位和作用也在不断加强,双方当事人可以在自愿的基础上在物业管理协会代表的主持下解决问题并形成书面协议。此外,也可以请求其他中立的第三方进行调解。

(3)提交仲裁委员会裁决。如果当事人双方在物业服务合同中明确约定发生争议时提交仲裁委员会仲裁解决,或者在发生纠纷后双方达成协议的,任何一方当事人都可以将争议事项提交约定的仲裁委员会,由其做出具有法律约束力的裁决。但是我国实行“或裁或审”的原则,当事人一旦选择通过仲裁方式解决纠纷,就不得再向法院提起诉讼。因此,在选择仲裁之前,双方当事人都应三思而行。

五、业主特约服务及企业代收服务

《条例》第四十三条规定:“物业服务企业可以根据业主的委托提供物业服务合同约定以外的服务项目,服务报酬由双方约定。”

物业公司与业主在约定特约服务时应注意以下基本要求:①双方必须单独订立委托合同;②必须就服务的种类、标准、服务费用及其支付方式、时间等作出具体约定;③合同一经生效,当事人必须按照合同的约定履行,否则就会构成违约而承担违约责任。

六、公用事业单位收费及代收服务

《条例》第四十四条规定:“物业管理区域内,供水、供电、供气、供热、通信、有线电视等单位应当向最终用户收取有关费用。物业服务企业接受委托代收前款费用的,不得向业主收取手续费等额外费用。”

一般而言,业主和供水、供电、供气、供热、通信、有线电视等单位之间是一种合同关系。物业服务企业并不是合同的当事人,没有义务向公用事业支付这些费用,也没有权利向业主收取这些费用。只不过,按照本条规定,物业服务企业可以接受公用事业单位的委托,代收有关费用。但履行代收服务时,应注意以下事项:①双方必须在平等协商的基础上单独签订委托合同;②委托合同必须向全体业主公示;③物业公司履行代收服务时,不得额外向业主收取任何其他费用。

特别提示

1. 注意事项：应结合《物业服务收费管理办法》《物业服务收费明码标价规定》《价格法》《合同法》《物权法》等对物业服务收费原则、标准及违约责任进行理解。

2. 考证要点：《条例》第四十条、第四十一条、第四十二条、第四十三条、第四十四条、第六十五条。

拓展提高

学习理解《物业服务收费管理办法》第二条、第四条至八条、第十五条、第二十一条，《物业服务收费明码标价规定》第四条、第八条、第九条，《价格法》第五条、第十三条，《合同法》第二十一章、《物权法》第八十二条。

思考练习

一、填空题

1. 物业服务收费应当遵循合理、公开以及__________________的原则，区别不同物业的性质和特点。
2. 业主和物业服务企业应当按照________来确定物业服务费用。
3. 《条例》明确了________的标准，并且规定了收费监督、业主特约服务、企业代收及相关违约的法律责任等。
4. 违反物业服务合同的约定，业主逾期不交纳物业服务费用的，________应当督促其限期交纳；逾期仍不交纳的，物业服务企业可以________。
5. 当业主将其物业出租给他人或者交由他人使用时，业主可以和物业使用人约定，由________交纳物业服务费用。

二、选择题

1. 物业服务费用应当由业主和(　　)协商确定。
   A. 业主大会　　B. 物业服务企业
   C. 业主　　D. 相关行政监督机关
2. 业主和物业服务企业应当按照(　　)来确定物业服务费用。
   A.《物业管理合同》　　B.《条例》
   C.《物业服务收费管理办法》　　D.《合同法》
3. 业主与物业使用人约定由(　　)交纳物业服务费用的，从其约定，业主负连带交纳责任。
   A. 物业使用人　　B. 业主　　C. 物业买受人　　D. 物业服务企业
4. 物业服务费用的交纳有三种情况，第一种是由业主交纳，第二种是由使用人交纳，第三种是由(　　)交纳。
   A. 物业公司　　B. 建设单位
   C. 物业买受人　　D. 物业服务企业

5. 已竣工但尚未出售或者尚未交给物业买受人的物业，物业服务费用由(　　)交纳。

A. 物业服务企业　　B. 物业使用人　　C. 业主　　D. 建设单位

三、简答题

什么是物业服务收费？

学习任务5 对违规和投诉的处理

任务概述

物业服务企业除了做好对公共物业的维修、养护、管理、维护之外，对辖区内的违法、违规行为以及安全防范事务应采取何种措施？作为特殊群体的物业使用人的权利和义务该如何设定？其与业主是何种法律关系？在物业管理活动中，对于业主、业主委员会、物业使用人和物业服务企业，彼此发生矛盾、纠纷时，应当由谁出面平息纷争？以上问题都要通过学习本节知识才能解决。

任务目标

- 明确并熟知物业服务企业对辖区内的违法、违规行为及安全防范工作应履行的义务
- 正确理解并熟知物业使用人的基本权利与义务
- 大致了解物业管理投诉制度的具体规定

学习内容

一、物业服务企业对违法、违规行为及安全防范工作的义务

1. 物业服务企业对违法行为的义务

《条例》第四十五条规定："对物业管理区域内违反有关治安、环保、物业装饰装修和使用等方面法律、法规规定的行为，物业服务企业应当制止，并及时向有关行政管理部门报告。有关行政管理部门在接到物业服务企业的报告后，应当依法对违法行为予以制止或者依法处理。"

依据《条例》及物业服务合同的约定，上述规定是物业服务企业应尽的义务。否则，因此给业主造成损失的，应承担损害赔偿责任。但因为物业服务企业并非国家执法机关，无权执法，所以面对管理区域内的违法、违规行为，物业服务企业在予以制止时，应及时报告给相关主管部门处理。

案例分析

概述：孙先生为上海某小区20号别墅的业主，黎先生为21号别墅的业主。2005年8月，孙先生与上海启航外资公司签订租约，约定将20号别墅出租给该公司用作员工宿舍，租金为每月2万元。2008年3月，邻居黎先生开始对自己的别墅进行违法装修施工并搭建阳光屋等建筑物。同年4月，房客多次与孙先生电话联系，反映邻居装修存在较大噪音，影响生活。孙先生为此多次向物业等部门反映，并与黎先生交涉，物业公司也向黎先生发出违规行为整改通知单，但未果。不久，房客认为无法居住，便与孙先生解除了房屋租赁合同，后孙先生向法院提起诉讼。

分析：物业服务企业对业主的违法行为有制止的义务，但没有采取强制措施处罚违法行为的权利。

本案中黎先生违法装修的行为打扰了邻居的生活，违反了不动产相邻关系的规定。经孙先生反映，物业公司多次与黎先生交涉，履行了制止业主违法行为的义务。但黎先生始终不予理睬，其行为直接导致房客与孙先生提前解除了房屋租赁合同，最终黎先生被法院判决赔偿孙先生3万元的经济损失。

2.物业服务企业的安全防范义务

在安全防范工作方面，《条例》第四十六条规定："物业服务企业应当协助做好物业管理区域内的安全防范工作。发生安全事故时，物业服务企业在采取应急措施的同时，应当及时向有关行政管理部门报告，协助做好救助工作。物业服务企业雇请保安人员的，应当遵守国家有关规定。保安人员在维护物业管理区域内的公共秩序时，应当履行职责，不得侵害公民的合法权益。"

一般而言，物业服务企业的权利义务来自于物业服务合同。但作为其主要义务的安全防范责任则直接来源于《条例》规定，而不是合同约定。物业服务企业的社区安全防范义务包括物业消防管理和小区治安管理两部分，即预防和消除火灾，整改治理火灾隐患；设立门卫执勤、安排人员巡逻、检查进出小区的车辆并维护停放秩序、防范并制止其他妨害小区公共秩序的行为等。

3.物业服务企业保安人员的职责

值得注意的是，《条例》并没有规定物业服务企业必须雇请保安人员。在实践中，一些物业服务企业根据自身情况和业主需求，不雇请保安人员，而是由企业员工协助维护区域秩序，这与本条规定并不矛盾。但雇请保安人员的，保安还兼具以下职责：

(1)按照国家和行业标准，提供设计、安装保养、维护安全技术防范设施和保安装置等保安技术服务；

(2)对发生在执勤区域内的刑事案件、治安案件和治安灾害事故，及时报告当地公安机关和客户单位，采取措施保护案发现场，协助公安机关维护案发现场秩序；

(3)落实防火、防盗、防爆炸、防破坏等治安防范措施，发现执勤区域内的治安隐患要立即报告客户单位和公安机关主管部门，并协助予以处置；

(4)法律、行政法规和规章规定的其他职责。

保安人员可以查验出入执勤区域的车辆、物品的出入手续。对现行违法犯罪行为应当及时制止,对现行违法犯罪嫌疑人应当扭送公安机关处理。保安人员要主动向公安机关反映治安情况和信息,支持和配合公安机关执法办案,不得以任何理由拒绝或者妨碍公安机关和其他执法部门依法执行公务。

案例分析

概述:2005年3月2日中午,某市新兴小区有两名男青年骑着一辆摩托车对两名女业主实施抢劫。小区保安王刚看到后立即冲过去抓住一名劫匪,另一劫匪拿起车锁向王刚头部砸去,王刚松手躲避,两名抢匪弃车而逃。此时恰巧当值保安李正巡逻至此,于是马上同王刚紧追劫匪,并用对讲机呼叫相关岗位人员参与围堵。短短几分钟时间,当值保安张明、赵龙、于飞及领班李波在公寓楼不远处成功抓获一名抢劫业主的嫌疑人。当值领班将抢劫业主的嫌疑人及摩托车带到保安部后,保安部长、值班部长及时赶到,向两名女业主了解情况。经证实后,及时报警并将嫌疑人及摩托车交派出所处理。

分析:整个事件体现了新兴小区物业管理处保安人员高度的警惕性与责任感,尽到了物业服务企业对违法行为的制止及报告义务。他们不顾个人安危,勇于同不法分子做斗争,为小区的业主、住户的人身和财产安全提供了保障,为物业保安树立了良好的社会形象,得到了广大业主及当地执法机关的好评。

二、物业使用人的权利与义务

1.物业使用人及其权利义务

(1)物业使用人。物业使用人是指物业承租人和其他实际使用物业的非所有权人。其中,物业承租人是指与物业所有权人订有物业租赁合同而对物业享有使用权的人;其他实际使用物业的非所有权人,包括物业所有权人的亲属、朋友、雇工等因为某种原因而实际使用物业的人。

(2)物业使用人的权利和义务。《条例》第四十七条第一款规定:“物业使用人在物业管理活动中的权利义务由业主和物业使用人约定,但不得违反法律、法规和管理规约的有关规定。”具体而言,物业使用人有以下权利和义务:

①权利:物业使用人对物业享有占有、使用权及特定条件的收益物权,但没有处置权。当然,作为物业的实际使用人,物业使用人享有接受物业服务的权力。

②义务:遵守管理规约;遵守物业管理区域内物业共用部位和共用设施等方面的规章制度;执行业主大会的决定和业主大会授权业主委员会作出的决定;在约定由物业使用人交纳物业费时,应按时交纳物业服务费。

2.业主和物业使用人的连带责任

所谓连带责任,是指依照法律规定或者当事人的约定,具有一定民事法律关系的两个或者两个以上当事人对其共同债务、共同民事责任或他人债务、他人的民事责任全部承担或部分承担,并能因此引起其内部债务关系的一种民事责任。例如:甲将自己名下的房屋租给乙使用,乙未按时交纳物业服务费,则物业服务企业可以向乙或甲追缴,甲即负有连带责任。

《条例》第四十七条第二款规定:“物业使用人违反本条例和管理规约的规定,有关业主应当承担连带责任。”这一点主要依据《合同法》第一百二十一条的规定:“当事人一方因第三人的原因造成违约的,应当向对方承担违约责任;当事人一方和第三人之间的纠纷,依照法律规定或者按照约定解决。”业主作为管理规约的制定者和物业服务合同的当事人,当然有遵守物业服务合同和执行管理规约的义务。

三、物业管理投诉

1. 物业管理投诉的概念

物业管理投诉是指物业管理法律关系一方当事人在物业管理过程中,对物业服务企业或其他物业管理主体违反物业管理有关法律、法规、委托服务合同等行为,向所在地物业管理行政管理部门、物业管理协会、消费者协会或者物业服务企业的上级部门进行口头或书面反映的行为。

2. 投诉主体及被投诉对象

投诉主体既可以是业主委员会、业主和物业使用人,也可以是物业服务企业。

被投诉对象一般是物业服务企业,也可以是业主委员会、业主和物业使用人、物业所在地的房地产管理部门、其他行政管理部门等。

3. 物业投诉的管理机关

《条例》第四十八条规定:“县级以上地方人民政府房地产行政主管部门应当及时处理业主、业主委员会、物业使用人和物业服务企业在物业管理活动中的投诉。”如图4-7所示。

图4-7 政府应当成立物业投诉中心

物业管理法律关系当事人之间在物业管理过程中有可能产生矛盾纠纷,房地产行政主管部门作为物业管理活动的监督管理部门,有责任及时处理物业管理活动当事人的投诉。投诉内容在本部门职责范围内的,房地产管理部门受理投诉后,应当及时进行调查、核实,并将处理意见告知投诉人;投诉内容涉及其他行政管理部门职责的,应当及时移交给有关行政管理部门处理,并告知投诉人。

特别提示

1. 释疑:《条例》并没有规定物业服务企业必须雇请保安人员,物业服务企业可以雇请保安人员,也可以不雇请保安人员。在实践中,一些物业服务企业根据企业情况和业主需求,不雇请保安人员,而是由企业员工(如企业安护人员)协助维护物业管理区域内的秩序。

2. 考证要点:《条例》第四十五条、第四十六条、第四十七条、第四十八条。

拓展提高

熟悉了解《合同法》第六十四条、第七十九条、第八十六条、第八十九条,《物权法》第七十七条、《最高人民法院关于审理物业服务纠纷案件具体应用法律若干问题的解释》第四条、《住宅室内装饰装修管理办法》第五条、第六条。

思考练习

一、填空题

1. 对物业管理区域内违反有关治安、环保、物业装饰装修和使用等方面法律、法规规定的行为,________应当制止,并及时向有关行政管理部门报告。
2. 物业服务企业对所辖区域内的违法、违规行为有________义务。
3. 物业管理服务的根本宗旨,是为________提供及保持良好的生活、工作环境,并尽可能满足他们的合理要求。
4. 当物业管理区域内发生安全事故时,物业服务企业在采取________同时,应当及时向有关行政管理部门报告,协助做好救助工作。

二、选择题

1. 根据(　　)的规定,保安服务公司只能由公安机关审批和组建,其他任何单位、部门和个人均不得擅自组建。

   A.《公安部关于保安服务公司规范管理的若干规定》

   B.《条例》

   C.《保安服务管理条例》

   D.《物业管理合同》

2. 从实际情况来看,物业服务企业需要物业保安人员时,往往(　　)雇请。

   A. 自主招聘　　B. 从专业的保安服务公司

   C. 从城市管理单位　　D. 从公安机关

3. 甲将自己名下的房屋租给乙使用,乙未按时交纳物业服务费,则物业服务企业按照"连带责任"的规定,可以向(　　)追缴。

   A. 乙所在单位　　B. 乙的亲属　　C. 甲　　D. 甲所在单位

4. 按照《条例》要求,物业服务企业应当(　　)保安人员。

   A. 辞退　　B. 配备　　C. 雇请　　D. 不雇请

5. 物业使用人在物业管理活动中的权利和义务由(　　)约定。

   A. 物业服务企业和业主　　B.《条例》

   C.《合同法》　　D. 业主和物业使用人

三、简答题

物业管理投诉一般有哪些种类?

单元要点归纳

本单元是本课程的核心单元，因为本课程所涉及的内容主要是对以物业服务合同为基础的行为进行规范的法律法规，而本单元恰恰以物业服务合同为主线，系统地将与此相关的物业服务企业及其从业人员的资格要求、物业管理区域划分、物业管理收费及特约服务、物业管理法律关系当事人投诉等内容联系起来。而辅助这一主线使本单元得以完整化、系统化的，则是对每一内容所涉违规行为的责任划分和追究这一辅线。所以，学好本单元能很好地加深对其他单元或任务的理解，从而为全面掌握本课程打下良好的理论基础。

第五单元 物业的使用与维护

单元概述

本单元主要就《条例》第五章的内容进行重点学习，以“物业的使用与维护”为核心，分公共物业的使用、专项维修资金、公共物业经营收益、房屋装饰装修的告知义务、责任人的维修养护义务等五个方面逐层展开。本单元的内容实用性强，对物业管理从业人员从事物业使用与维护相关工作具有指导意义。所以，应理论结合日常的见习、实操锻炼活动熟悉该部分内容。

单元目标

● 在实践中明确使用公共物业应当注意的事项

● 熟悉《住宅室内装饰装修管理办法》规定的禁止行为和未经批准不得实施的行为

● 掌握专业维修资金的定义，明确专业维修资金的交纳义务、所有权归属和使用范围

● 能够在公共物业的使用过程中，将责任人的维修与养护义务讲解出来。遇到个别不予配合的业主，能合理合法地解决问题

学习任务1 共有物业的使用和维护

任务概述

明确共有物业中的公共建筑和共用设施的范围及权利归属，既是合法使用该物业和维护其所有权人利益的前提，也是物业服务企业保护全体业主的权益、提供满意服务的关键条件。同时，只有在此基础上，才能进一步熟知和理解使用各类公共物业应注意的事项、程序、责任以及对共用设施进行维护的责任划分。要做到以上两点，首先要熟练掌握《条例》及其他法律、法规中的相关规定，还要结合案例和实践进行深入学习。

任务目标

- 掌握改变公共建筑及共用设施用途的程序
- 明确在何种情况下才允许占用、挖掘公共道路、场地以及为此应承担的责任
- 明确擅自改变共用部分的用途、占用或挖掘公共道路和场地的责任

学习内容

一、建筑物区分所有权及相邻关系

1.建筑物区分所有权

(1)概念。建筑物区分所有权是将某一栋房屋特别是楼房，按其本身结构区分为各个独立的单元，每一单元均构成一个相对独立的所有权客体(独立的物)，由此在一幢房屋上成立了两个以上的所有权。

《物权法》第七十条规定："业主对建筑物内的住宅、经营性用房等专有部分享有所有权，对专有部分以外的共有部分享有共有和共同管理的权利。"第七十一条规定："业主对其建筑物专业部分享有占有、使用、收益和处分的权利。"区分所有权最主要的标志是取得专有部分或独立部分的所有权。

(2)区分所有的自用部分和共用部分

①自用部分是指建筑物中区分为相对独立的、为某个所有权人所独自享有的部分。就该特定部分而言，所有权人享有完全的所有权，可排除一切自主地支配该部分。

②共用部分是指连接各个单元并且享用每个单元房屋所必不可少的部分，如楼梯、电梯、通道、走廊、楼宇、占用土地等。对于这部分，每个区分所有权人享有共同的使用权利，且这种使用权没有排他性或独占性(除非是管理规约有这样的约定)，更不能排他地处置

共用部分。

③业主对建筑物共用部分的使用、维护和管理。《物权法》第七十二条规定："业主对建筑物专有部分以外的共有部分，享有权利，承担义务；不得以放弃权利不履行义务。业主转让建筑物内的住宅、经营性用房，其对共有部分享有的共有和共同管理的权利一并转让。"

对公共部分的使用一般不存在纠纷，更不存在专用权。但是在费用和维护或管理义务的承担上，一般仍按照专有部分的面积进行分摊。实际上，按面积分摊义务只是为管理上的方便，它几乎不影响业主的权利。

(3)建筑物区分所有权理论的实践意义。现代建筑业的发展，高层楼宇式建筑已成为大势所趋。而且，在一些高级住宅中，还有共用的花园、游乐场所、会客场所等。在区分所有权的基础上，业主的所有权得到了明确界定，可以防止权利界限模糊所引起的权力纠纷。

①明确了业主对建筑物专有部分的所有权，防止他人对业主权利的侵害。

②明确了业主对建筑物共用部分的用益权。任何业主对共有部分的建筑物都有占有、使用的权利，任何人不得排斥其他业主对共用部分的使用。

③明确了所有业主对共用部分的建筑物都有管理、维护、修缮的义务。区分所有权明确了业主对共用部分不仅有权利，也有法定义务，从而使物业管理人在进行管理决策、收费、制定公约，甚至是进行相关处罚时都有了法律上的依据。

④是建立业主自治机构的权利基础。正是因为业主对建筑物所享有的区分所有权不是单纯的专有所有权，所以物业管理区域内的业主可以组织起来，对公共利益进行维护。业主自治机构所作出的决定，对所有的业主都有约束力，这也正是基于这种区分所有权的关系。对该决议不予赞同的业主，只要决议是合法有效的，就必须遵从。

2.不动产相邻关系

(1)概念。不动产相邻关系是指两个或两个以上不动产毗连邻近的物业所有人或占有人、使用人，在行使物业的所有权或使用权时，应依法给予相邻人便利或接受法定限制而发生的特定的权利义务关系。

(2)相邻关系的分类。建筑物区分所有物业中的相邻关系大致可以分为三类，一是因为专有部分的使用而引起的相邻关系问题；二是因为共用部分的使用而引起的相邻关系问题；三是因为建筑距离、不可称量物侵害等而引起的相邻关系。

不动产相邻关系的实质是对物业相邻各方合法权益的保护和他方行使共同权力的限制。相邻权是从属于物业的所有权、使用权等权利的从物权，它并不能直接管理和支配物业。

(3)不动产相邻关系纠纷的种类及处理方法。《物权法》第八十四条规定："不动产的相邻权利人应当按照有利生产、方便生活、团结互助、公平合理的原则，正确处理相邻关系。"

①因通行通道引起的相邻关系纠纷。《物权法》第八十七条规定："不动产权利人对相邻权利人因通行等必须利用其土地的，应当提供必要的便利。"

②相邻用水、排水、流水、滴水纠纷。《物权法》第八十六条规定:“不动产权利人应当为相邻权利人用水、排水提供必要的便利。对自然流水的利用,应当在不动产的相邻权利人之间合理分配。对自然流水的排放,应当尊重自然流向。”

物业所有人或者使用人一方在修建建筑物或开挖沟渠时,应当与相邻人的物业保持一定距离,不得使房檐流水、滴水或沟渠流水直接泄入相邻人的物业,给相邻人造成损害。否则,相邻人有权请求其排除妨碍、赔偿损失。

③相邻危险纠纷。相邻危险纠纷是指相邻物业的一方所有人或使用人在对其物业行使所有权或使用权时,对相邻他方的财产、人身造成危险而引起的相邻关系纠纷。对于相邻危险,相邻他方有要求该物业所有人或使用人及时制止危险,防止损害扩大的权利,该物业所有人或使用人应当及时采取措施,消除危险。《条例》第五十五条明确规定:“物业存在安全隐患,危及公共利益及他人合法权益时,责任人应当及时维修养护,有关业主应当给予配合。”

④因建筑施工、铺设管线临时占用邻地的纠纷。《物权法》第八十八条规定:“不动产权利人因建造、修缮建筑物以及铺设电线、电缆、水管、暖气和燃气管线等必须利用相邻土地、建筑物的,该土地、建筑物的权利人应当提供必要的便利。”

物业所有人或使用人因建筑施工需要临时占用相邻他方土地的,他方应给予便利,双方可以约定使用土地的范围、期限,土地权利人不得对临时用地人加以不合理的限制。临时占用方应严格按照双方的约定用地,使用完毕后应当及时清理现场,排除妨碍,恢复原状。因临时占用造成土地权利人损失的,占用方应当赔偿损失。

物业所有人或使用人不通过邻地不能安设其生产、生活需要的电线、电缆、水管、煤气管、下水道等管线时,有通过邻地的上空或地下安设管线的权利,邻地所有人或使用人应当允许安设,同时还应当保护其土地上空或地下的管线和设施。但是,安设管线应选择对相邻人损害最小的线路和方法,并应当及时恢复原状。《条例》第五十一条规定:“供水、供电、供气、供热、通信、有线电视等单位因维修、养护等需要,临时占用、挖掘道路、场地的,应当及时恢复原状。”另外,管线的安设方对其安设的管线负有防止损害的义务。因安设管线造成相邻人损失的,应当依法赔偿相邻人的损失。

二、不得擅自改变公共建筑和共用设施的用途

1.公共建筑和共用设施的范围

根据法律规定,一定物业管理区域内,按照规划建设的公共建筑和共用设施一般包括:①小区内的道路、场地;②小区内的共用绿地;③物业管理用房;④门卫房、电话间、监控室、垃圾箱房、共用地面架空层、共用走廊;⑤物业管理区域内按规划配建的非机动车车库;⑥占用业主共有的道路或者其他场地用于停放汽车的车位;⑦建设单位以房屋销售合同或者其他书面形式承诺归全体业主所有的物业;⑧其他依法归业主共有的设施设备,如电梯、水箱等。小区公共建筑和共用设施设备的所有权归全体业主所有。

2.公共建筑和共用设施依法改变用途的程序

《条例》第四十九条规定:“物业管理区域内按照规划建设的公共建筑和共用设施,不得改变用途。业主依法确需改变公共建筑和共用设施用途的,应当在依法办理有关手续后告知物业服务企业；物业服务企业确需改变公共建筑和共用设施用途的，应当提请业主大会讨论决定同意后，由业主依法办理有关手续。”如图 5—1 所示。

图 5—1 公共停车位岂能私自占用

对公共建筑及共用设施的用途加以改变属于对该建筑及设施进行事实上的处分，而进行处分必须由有处分权的人进行或者至少经其授权。物业管理区域内的公共建筑及共用设施是由全体业主根据建筑物区分所有权的规定所共有的，若必须改变这些公共建筑及共用设施的用途，则应当由全体业主共同决定。

《条例》规定，业主行使对公共部分的所有权，应当召开业主大会会议，经专有部分占建筑物总面积 2/3 以上的业主且占总人数 2/3 以上的业主同意方可进行。业主需要改变这些建筑及设施的用途时，仅需经业主大会讨论同意并告知物业服务企业。因为物业服务企业并非物业的所有人，所以其需改变这些建筑及设施的用途时，必须经业主大会讨论通过，同时要履行法定的手续。

案例分析

概述：2006 年 12 月 8 日至 2007 年 2 月 5 日，北京市朝阳区一小区召开业主大会会议，选举产生了业主委员会，2007 年 2 月 12 日业主委员会在行政主管机关备案。业主委员会委员 7 人，郭先生是业主委员会主任。

在 2006 年供暖期间，物业公司未经小区全体业主的同意，擅自利用小区的供暖设备和设施向相邻一家医院供暖，收取其供暖费 95 000 元，并收取房屋业主方改造办公楼供暖管道工程款 58 000 元。业主委员会认为物业公司对外供暖的行为侵犯了小区业主的权益，双方协商未果，业主委员会便将物业公司起诉至法院，要求其停止侵权，恢复原状，赔礼道歉，并返还收取的工程款 58 000 元和供暖费 95 000 元。

分析：小区的供暖设备和设施属于物业共用部位，其所有权属于业主，因此物业公司使用小区的供暖设备和设施，应当经过业主和业主大会同意。但本案中物业公司在管理小区期间，未经业主同意，擅自利用小区业主的供暖设施和设备对外供暖，属于擅自利用物业共用部位、共用设施设备进行经营的行为，应当予以处罚。因此，法院于 2009 年作出判决：物业公司返还给业主委员会供暖费 60 000 元，对于业主委员会要求物业公司返还已经用于改造供暖管道的工程款的请求未予支持。

三、占用、挖掘公共道路、场地的程序及责任

1. 占用、挖掘公共道路、场地的程序

《条例》第五十条第一款、第二款规定：“业主、物业服务企业不得擅自占用、挖掘物业管理区域内的道路、场地，损害业主的共同利益。因维修物业或者公共利益，业主确需临

时占用、挖掘道路、场地的，应当征得业主委员会和物业服务企业的同意；物业服务企业确需临时占用、挖掘道路、场地的，应当征得业主委员会的同意。”

2. 占用、挖掘公共道路、场地的责任

《条例》第五十条第三款规定：“业主、物业服务企业应当将临时占用、挖掘的道路、场地，在约定期限内恢复原状。”

同时，《条例》第五十一条第二款规定：公用事业单位“因维修、养护等需要，临时占用、挖掘道路、场地的，应当及时恢复原状。”

四、公用事业设施维护责任

《条例》第五十一条第一款规定：“供水、供电、供气、供热、通信、有线电视等单位，应当依法承担物业管理区域内相关管线和设施设备维修、养护的责任。”

物业管理区域内相关管线和设施设备的维修、养护责任的划分，法律、法规有规定的，依照其规定；法律、法规没有规定的，应当通过合同约定来确定；没有合同或者合同没有约定的，由当事人协商解决；如果供水、供电、供气、供热、通信、有线电视等供应价格已包含了这些管线和设施设备的维修、养护费用，责任由相应的供应单位承担。

总之，公用事业单位对物业进行维修、养护时，相关责任人应做到以下三点：

（一）物业服务企业应承担协助义务，业主不得要求物业服务企业承担直接的维修、养护义务；

（二）业主和物业服务企业不得以任何理由阻止此类施工；

（三）公用事业单位在完成维修、养护义务后，业主和物业服务企业有权要求施工单位对占用、挖掘的道路、场地恢复原状，上述单位不得以任何借口拖延或推辞。

五、擅自行为的责任

《条例》第六十四条规定：“违反本条例的规定，有下列行为之一的，由县级以上地方人民政府房地产行政主管部门责令限期改正，给予警告，并按照本条第二款的规定处以罚款；所得收益用于物业管理区域内物业共用部位、共用设施设备的维修、养护，剩余部分按照业主大会的决定使用：

（一）擅自改变物业管理区域内按照规划建设的公共建筑和共用设施用途的；

（二）擅自占用、挖掘物业管理区域内的道路、场地，损害业主共同利益的；

（三）擅自利用物业共用部位、共用设施设备进行经营的。

个人有前款规定行为之一的，处 1 000 元以上 1 万元以下的罚款；单位有前款规定行为之一的，处 5 万元以上 20 万元以下的罚款。”

违反上述规定，无论违法行为的主体是物业服务企业还是业主，侵害的都是全体业主的共同利益。因此，都要承担行政责任。如果是物业服务企业及业主以外的人存在这些行为，则只能按照一般的法规进行处理，而本条例不适用，因为其并没有赋予这些人以法律义务，当然也就不存在法律责任。至于这些人要承担何种责任，则要看其具体行为的违法性，轻者可能是民事责任，重者可能是刑事责任。

案例分析

概述：小宋居住的小区购置车辆的业主越来越多，原停车位已无法满足业主的需求。小宋向物业公司反映，是否可以将篮球场改建成停车场，由物业公司统一管理，以解决小区停车难的问题。他同时还反映，近期供水公司检修小区内的供水管道，有一段经过小区绿地的管道检修后，供水公司未及时将该处的草皮复原，要求物业公司一并解决。

分析：根据《条例》的规定，由于维修、养护的需要，临时占用、挖掘的场地应由供水单位及时恢复。至于将篮球场改建为停车场，物业公司无法直接实施，需要向业主委员会反映情况，由业主委员会组织召开业主大会会议进行讨论决定。

小区内的篮球场属于共用设施，其用途的改变属于对该设施进行事实上的处分，必须由有处分权的人进行或者至少经其授权。物业管理区域内的公共建筑及共用设施是全体业主共有的，若必须改变篮球场的用途，则需经全体业主共同决定，而不是由物业公司决定。

如果物业公司或者业主擅自将篮球场改建成停车位，将违反《条例》第六十四条的规定，会受到相应的处罚。

特别提示

1. 注意事项：除掌握《条例》第四十九条、第五十条、第五十一条、第六十四条等内容外，还应结合《物权法》第七十三条，《最高人民法院关于审理建筑物区分所有权纠纷案件具体应用法律若干问题的解释》第十四条，《合同法》第一百八十一条、第一百八十四条学习。

2. 考证考点：《条例》第四十九条、第五十条、第五十一条、第六十四条。

拓展提高

学习参考以下法规：《城市异产毗邻房屋管理规定》《建设部办公室关于对〈物业管理条例〉有关条款理解使用问题的批复》。

思考练习

一、填空题

1. 物业管理区域内按照规划建设的公共建筑和共用设施，________改变用途。
2. 物业服务企业确需改变公共建筑和共用设施用途的，应当提请________讨论决定同意后，由业主依法办理有关手续。
3. 相关供应单位因维修、养护等需要，临时占用、挖掘道路、场地的，应当及时________。
4. 因自然灾害等原因断电，________应当按照国家有关规定及时抢修。
5. 建筑区划内的道路，属于业主共有，但属于________的除外。

二、选择题

1. 召开业主大会会议需要经专有部分占建筑物总面积(　　)以上的业主且占总人数(　　)以上的业主同意才可以,之后由业主依法办理有关手续。

A. 1/3　2/3　　B. 2/3　2/3　　C. 2/3　1/3

2. 建筑区划内的绿地,属于(　　)共有,但属于城镇公共绿地或者明示属于个人的除外。

A. 业主　　B. 开发商　　C. 国家

3. 个人违反《条例》公共建筑和共用设施相关规定的,处(　　)元的罚款。

A. 500~1 000　　B. 1 000~10 000　　C. 1 000~5 000

4. 单位违反《条例》公共建筑和共用设施相关规定的,处(　　)元的罚款。

A. 2 万~5 万　　B. 5 万~20 万　　C. 20 万~50 万

5. 建设单位或者其他行为人擅自占用、处分业主共有部分、改变其使用功能或者进行经营性活动,权利人请求排除妨害、恢复原状、确认处分行为无效或者赔偿损失的,人民法院(　　)支持。

A. 应予　　B. 不予　　C. 视具体情况而定

三、简答题

公共建筑和共用设施包括哪些方面?

学习任务2　房屋装饰装修的告知义务

任务概述

作为物业管理人员,要时刻牢记房屋装饰装修的告知义务。业主需要装饰装修房屋时,应当事先告知物业服务企业,物业服务企业应当将房屋装饰装修中的禁止行为和注意事项告知业主。在以后的工作当中,履行房屋装饰装修的告知义务,既是对自己的工作负责,也是对广大业主负责,更是对房屋的安全性和耐久性负责。告知义务一定要体现在行动中,不能仅是一个口号、一张白纸,而应是详细的讲解,让业主知道、明白自己的义务。

任务目标

- 理解业主关于房屋装饰装修的告知义务
- 明确物业服务企业关于房屋装饰装修的告知内容
- 熟悉《住宅室内装饰装修管理办法》规定的禁止行为和未经批准不得实施的行为

学习内容

一、业主的告知义务

业主作为物业专有部分的所有人，原则上有处分自己专有部分的权利，当然包括装饰装修物业的权利。但是由于业主的专有部分与其他业主的专有部分及共用部分紧密结合或者相邻，业主进行装饰装修时会影响其他业主的权益，因此法律必须对此进行规定。规定业主在装饰装修时应当遵循一定的准则，禁止一系列严重影响其他业主利益的行为。

《条例》第五十二条第一款规定："业主需要装饰装修房屋的，应当事先告知物业服务企业。"

根据《住宅室内装饰装修管理办法》的规定，业主装修房屋，需向物业服务企业申报登记，同时提交房屋所有权证(或者证明其合法权益的有效凭证)、申请人身份证件、装饰装修方案等文件。之所以如此规定，一是便于物业服务企业对施工人员进出物业的管理，二是便于物业服务企业对装修行为进行合法监督。

案例分析

概述：曹某系河南省商丘市某小区的一名业主，其于2010年5月18日办理了交房手续，同时与物业公司签订了《前期物业服务协议》《临时管理规约》《业主手册》及《装修须知》等文件。协议主要约定：业主不得改变外墙包括露台立面的效果，不得占有、损害物业共用部分、共用设施设备或改变其使用功能；并且方案经物业服务中心审核后方可进行，对于不经批准私自改变房屋结构及用途者，应按要求恢复原状并扣除装修保证金等费用。

然而，2010年7月9日，物业管理人员在巡查时发现，曹某在未办理任何合法手续的情况下，擅自将本户花园外扩约5米。物业管理人员及时请离了装修工人，并告知曹某不得私搭乱建，要求其恢复原状。同日，物业公司向曹某下达了《违规通知书》，要求曹某三日内整改、恢复原状。曹某当即签收了该通知书，但仍坚持施工，于是物业管理公司于2010年9月将曹某诉至法院。但曹某称，2010年7月2日其向物业公司提出申请，认为自家院墙缺角，风水不好，要求将院墙改造一下。后改建的部分属于自有部分，并未侵占其他业主的共用部分，也没有占用共用绿地。

分析：业主需要装修房屋时，必须事先履行告知物业服务企业，并告知邻里的义务；还需向物业服务企业申报登记，同时提交房屋所有权证(或者证明其合法权益的其他有效凭证)、申请人身份证件、装饰装修方案以及搭建的建筑物、构筑物经城市规划行政主管部门批准的文件等资料。而在业主告知装修后，物业服务企业应当将住宅室内装饰装修中的禁止行为和注意事项告知装修人和装修人委托的装饰装修企业。在业主装修期间，物业服务企业应当履行监督管理义务，发现违反规定装修的，应立即制止，违反规定情形严重需要处理的，应立即向有权处理的机关报告。

本案中业主曹某与物业公司之间签订有《前期物业服务协议》等文件，据此双方形成了合法的物业管理关系。因此，曹某在装修时应当遵守彼此的约定和国家的有关法规。但其在未办理任何合法手续的情况下，擅自将本户花园外扩约5米，一没有履行装修告知的义务，二违反了装修约定，三搭建外墙没有规划部门的批文。而物业服务公司履行了告知义务，行使了监督职责，并对业主违反规定的行为及时予以制止。

法院经审理认为，业主的装修行为构成违约。但鉴于其建筑已经完成，且使用的材料、外观设计与原建筑风格一致，并考虑此建筑仅是为了破除院墙缺角的民间忌讳，所扩占的面积也属业主自有部分，出于尊重风俗，法院驳回了物业公司要求恢复原状的诉求。

二、物业服务企业的告知义务

1.告知义务

《条例》第五十二条第二款规定："物业服务企业应当将房屋装饰装修中的禁止行为和注意事项告知业主。"如图5—2所示。

图5—2　装饰装修要依法进行

首先，业主履行完装修告知义务后，物业服务企业也应当履行告知义务，即将住宅室内装饰装修中的禁止行为和注意事项告知装修人和装修人委托的装饰装修企业；其次，物业服务企业应当履行监督管理的义务，发现装修人或者装饰装修企业有违反《住宅室内装饰装修管理办法》规定行为的，应当制止，对已造成事实后果或者拒不改正的，应当及时报告有关部门依法处理。

另外，装修人，或者装修人和装饰装修企业，应当与物业管理单位签订住宅室内装饰装修管理服务协议。协议包括以下内容：

（一）装饰装修工程的实施内容；

（二）装饰装修工程的实施期限；

（三）允许施工的时间；

（四）废弃物的清运与处置；

（五）住宅外立面设施及防盗窗的安装要求；

（六）禁止行为和注意事项；

（七）管理服务费用；

（八）违约责任；

（九）其他需要约定的事项。

2.住宅室内装饰装修的禁止行为

①未经原设计单位或者具有相应资质等级的设计单位提出设计方案，变动建筑主体

和承重结构;②将没有防水要求的房屋或者阳台改为卫生间、厨房间;③扩大承重墙上原有的门窗尺寸,拆除连接阳台的砖、混凝土墙体;④损坏房屋原有的节能设施,降低节能效果;⑤其他影响建筑结构和使用安全的行为。

3.未经批准不得有的行为

装修人进行住宅室内装饰装修活动,未经批准,不得有下列行为:①搭建建筑物、构筑物;②改变住宅外立面,在非承重外墙上开门、窗;③拆改供暖管道和设施;④拆改燃气管道和设施。其中,第①②项行为应当经城市规划行政主管部门批准,第③项行为应当经供暖管理单位批准,第④项行为应当经燃气管理单位批准。

4.住宅室内装饰装修应注意的问题

(1)超过设计标准或者规范增加楼面荷载的,应当经原设计单位或者具有相应资质等级的设计单位提出设计方案。

(2)改动卫生间、厨房间防水层的,应当按照防水标准制订施工方案,并做闭水试验。

(3)装修人经原设计单位或者具有相应资质等级的设计单位提出设计方案变动建筑主体和承重结构的,或者装修活动涉及搭建建筑物、构筑物,增加楼面荷载,拆除、改造室内固有设施的,必须委托具有相应资质的装饰装修企业承担。

(4)装修人在住宅室内装饰装修工程开工前,应当向物业服务企业或者房屋管理机构申报登记。非业主的住宅使用人对住宅室内进行装饰装修,应当取得业主的书面同意。

申报登记应当提交下列资料:

①房屋所有权证(或者证明其合法权益的有效凭证)。

②申请人身份证件。

③装饰装修方案。

④变动建筑主体或者承重结构的,需提交原设计单位或者具有相应资质等级的设计单位提出的设计方案。

⑤涉及搭建建筑物、构筑物,拆除、改造室内固有配套设施的(如燃气管道、暖气管道等),需提交有关部门的批准文件;涉及改造室内防水层的,需提交设计方案或者施工方案。

⑥委托装饰装修企业施工的,需提供该企业相关资质证书的复印件。非业主的住宅使用人,还需提供业主同意装饰装修的书面证明。

(5)物业管理单位应当将住宅室内装饰装修工程的禁止行为和注意事项告知装修人和装修人委托的装饰装修企业。装修人对住宅进行装饰装修前,应当告知邻里。

(6)装修人,或者装修人和装饰装修企业,应当与物业管理单位签订住宅室内装饰装修管理服务协议。

(7)物业管理单位应当按照住宅室内装饰装修管理服务协议实施管理,发现装修人或者装饰装修企业有违约、违法行为的,应当及时制止;已造成事实后果或者拒不改正的,应当及时报告有关部门依法处理。对装修人或者装饰装修企业违反住宅室内装饰装修管理服务协议的,追究违约责任。

(8)有关部门接到物业管理单位关于装修人或者装饰装修企业有违法或违约行为的

报告后,应当及时到现场检查核实,依法处理。

(9)禁止物业管理单位向装修人指派装饰装修企业或者强行推销装饰装修材料。

(10)装修人不得拒绝和阻碍物业管理单位依据住宅室内装饰装修管理服务协议的约定,对住宅室内装饰装修活动的监督检查。

案例分析

概述:小张和妻子两个人刚刚搬进了新房,并与物业公司签订了《物业管理服务公约》《小区装修协议书》。小张家在顶层,在装修新房时,在独用的西侧平台上搭建了玻璃阳光房,但是没有通知物业公司。为此,物业公司向小张发出了《违章整改通知单》,要求其限期拆除玻璃阳光房。

小张认为自己在独用的平台上搭建玻璃阳光房不会妨碍其他住户,拒绝拆除。物业公司看小张并没有按期拆除玻璃阳光房,于是耐心劝说,并且拿出《小区装修协议书》和《住宅室内装饰装修管理办法》中有关不允许搭建玻璃阳光房的规定和依据。小张看过之后就明白了,当初自己没有注意《小区装修协议书》的内容。物业方面也进行了自我检讨,认为自己讲解得不够彻底,也存在责任。最后小张及时拆除了玻璃阳光房。

分析:《条例》第五十二条规定:业主需要装饰装修房屋的,应当事先告知物业服务企业。若未办理有关手续,或未经其他业主同意,业主不能违反物业管理公约私自搭建建筑物。擅自在平台上搭建违章建筑,影响了小区的整体环境面貌,侵犯了整栋楼业主的利益。因此,在未经其他业主同意的情况下,不得在其自有的平台上搭建玻璃房。

特别提示

注意事项:除掌握《条例》第五十二条等内容外,还应结合《住宅工程初装饰竣工验收办法》《住宅室内装饰装修管理办法》加深理解。

2.考证考点:《条例》第五十二条。

拓展提高

《住宅室内装饰装修管理办法》第二条、第五条、第六条、第三十三条至第四十三条。

思考练习

一、填空题

1.业主需要装饰装修房屋的,________事先告知物业服务企业。

2.物业服务企业________将房屋装饰装修中的禁止行为和注意事项告知业主。

3.未经原设计单位或者具有相应资质等级的设计单位提出设计方案,变动建筑主体和承重结构,属于________住宅室内装饰装修活动。

4.搭建建筑物、构筑物应当经________批准。

5.拆改供暖管道和设施应当经________批准。

二、选择题

1. 住宅室内装饰装修，是指住宅(　　)后，业主或者住宅使用人对住宅室内进行装饰装修的建筑活动。

A. 混凝土主体完成　　B. 安装工程完成　　C. 竣工验收合格

2. 改变住宅外立面，在非承重外墙上开门、窗，应当经(　　)批准。

A. 城市规划行政主管部门　　B. 供暖管理单位　　C. 燃气管理单位

3. 拆改燃气管道和设施应当经(　　)批准。

A. 城市规划行政主管部门　　B. 供暖管理单位　　C. 燃气管理单位

4. 因住宅室内装饰装修活动造成相邻住宅的管道堵塞、渗漏水、停水停电、物品毁坏等，(　　)应当负责修复和赔偿。

A. 装修人　　B. 业主委员会　　C. 开发商

5. 装修人未申报登记进行住宅室内装饰装修活动的，由城市房地产行政主管部门责令改正，处(　　)元的罚款。

A. 100～500　　B. 500～1 000　　C. 1 000～5 000

三、简答题

住宅室内装饰装修活动的禁止行为包括哪些方面？

学习任务3 专项维修资金

任务概述

专项维修资金是物业管理中非常重要的要素，专项维修资金的交存、使用、管理和监督，每一环节都是广大业主非常关心的。作为物业管理人员，要明确专项维修资金为业主所有，用于物业保修期满后物业共用部位的维修等，不得挪作他用。

物业服务企业应该在专项维修资金的使用中发挥积极作用，提出使用方案，并组织实施使用方案等。同时要清楚，物业服务企业挪用专项维修资金需要承担相应的法律责任。

任务目标

- 掌握专项维修资金的定义，明确专项维修资金的交纳义务、所有权归属和使用范围
- 掌握转让房屋所有权时，住宅专项维修资金应该同时过户
- 明确专项维修资金收取、使用、管理办法制定的权力机关
- 熟悉挪用专项维修资金应承担的法律责任

学习内容

一、专项维修资金的使用与管理

1. 相关概念

(1)住宅专项维修资金：专项用于住宅共用部位、共用设施设备保修期满后的维修和更新、改造的资金。如图5—3所示。

图5—3 专项维修资金的作用

(2)住宅共用部位：根据法律、法规和房屋买卖合同的规定，由单幢住宅内业主或者单幢住宅内业主及与之结构相连的非住宅业主共有的部位，一般包括住宅的基础、承重墙体、柱、梁、楼板、屋顶以及户外的墙面、门厅、楼梯间、走廊通道等。

(3)共用设施设备：根据法律、法规和房屋买卖合同的规定，由住宅业主或者住宅业主及有关非住宅业主共有的附属设施设备，一般包括电梯、天线、照明、消防设施、绿地、道路、路灯、沟渠、池、井、非经营性车场车库、公益性文体设施和共用设施设备使用的房屋等。

(4)大修：对共用部位、共用设备设施的大规模维修。

2. 专项维修资金的交纳和所有权

《条例》第五十三条第一款规定：“住宅物业、住宅小区内的非住宅物业或者与单幢住宅楼结构相连的非住宅物业的业主，应当按照国家有关规定交纳专项维修资金。”

业主交存的住宅专项维修资金属于业主所有。

从公有住房售房款中提取的住宅专项维修资金属于公有住房售房单位所有。

案例分析

概述：河北省石家庄市一小区建于2009年，据该小区的业主委员会称，当年小区业主在购房办理入住手续时，已经将业主承担的专项维修基金交给了开发商。2012年，小区业主委员会进行了换届，新成立的业主委员会在对小区材料进行核查时发现，小区内有80多户业主的专项维修基金账户余额为零。业主委员会进一步查证后发现，当初开发商并未将全部专项维修基金存进专用账户，开发商占用了代收的部分专项维修基金，共涉及109万元。

此后，业主委员会与开发商进行了交涉，要求归还业主的专项维修基金。经过多番催促，开发商归还了其中32户业主的专项维修基金和利息，但对于其余业主的专项维修基金则始终不同意归还。为此，业主委员会将开发商告上法庭，要求归还占用的专项维修基金70余万元，并支付利息。

分析:住宅专项维修资金的所有权属于业主,任何单位不得以任何理由侵占、挪用。本案中,业主当年在购房办理入住手续时,已经将业主承担的专项维修基金交给了开发商。按规定,开发商应当在业主大会成立后,将这笔款项存入专用账户。但开发商只归还了其中 32 户业主的专项维修基金和利息,其余 52 户业主的专项维修基金则始终不予归还,属于侵占住宅专项维修资金的行为,违反了《条例》的相关规定和《住宅专项维修资金管理办法》,理应受到惩罚,并归还侵占的专项维修资金。法院经审理,判决开发商在判决生效之日起十日内将专项维修基金汇入业主大会的专用账户,并支付利息。

二、专项维修资金的使用、管理

1.相关条例规定

《条例》第五十三条第二款、第三款规定:“专项维修资金属于业主所有,专项用于物业保修期满后物业共用部位、共用设施设备的维修和更新、改造,不得挪作他用。

专项维修资金收取、使用、管理的办法由国务院建设行政主管部门会同国务院财政部门制定。”

2.专项维修资金的使用

业主大会成立前,要想使用专项维修资金,首先要经住宅专项维修资金列支范围内专有部分占建筑物总面积 2/3 以上的业主且占总人数 2/3 以上的业主讨论,并通过使用建议;然后向所在地直辖市、市、县人民政府建设(房地产)主管部门申请,经批准才可以使用维修资金。若经法定程序后,相关部门不予办理,可以依法提起诉讼。

业主大会成立后,专项维修资金的管理、使用应由业主大会决定。根据《条例》和相关规范的规定,专项维修资金的所有权属于业主,业主有权决定对其使用,而业主行使权力的主要方式是通过业主大会进行表决。因此,只有经过业主大会进行表决,决议通过后,才可以使用专项维修资金。总之,要让专项维修资金真正发挥其应有的功用,而不是被闲置。如图 5－4 所示。

图 5－4 专项维修资金的使用

具体使用办法如下:

① 物业服务企业提出使用方案,使用方案应当包括拟维修和更新、改造的项目、费用预算、列支范围、发生危及房屋安全等紧急情况以及其他需要临时使用住宅专项维修资金的情况的处置办法等;

②业主大会依法通过使用方案;

③物业服务企业组织实施使用方案;

④物业服务企业持有关材料向业主委员会提出列支住宅专项维修资金;其中,动用公有住房住宅专项维修资金的,向负责管理公有住房住宅专项维修资金的部门申请列支;

⑤业主委员会依据使用方案审核同意,并报直辖市、市、县人民政府建设(房地产)主

管部门备案；动用公有住房住宅专项维修资金的，经负责管理公有住房住宅专项维修资金的部门审核同意；直辖市、市、县人民政府建设（房地产）主管部门或者负责管理公有住房住宅专项维修资金的部门发现不符合有关法律、法规、规章和使用方案的，应当责令改正；

⑥业主委员会、负责管理公有住房住宅专项维修资金的部门向专户管理银行发出划转住宅专项维修资金的通知；

⑦专户管理银行将所需住宅专项维修资金划转至维修单位。

3.对专项维修资金的管理

2007 年 12 月建设部、财政部第 165 号令颁布了《住宅专项维修资金管理办法》，其中对专项维修资金的单位管理规定如下：

（1）业主大会成立前，商品住宅业主、非住宅业主交存的住宅专项维修资金，由物业所在地直辖市、市、县人民政府建设（房地产）主管部门代管。主管部门应当委托所在地一家商业银行，作为本行政区域内住宅专项维修资金的专户管理银行，并在该行开立住宅专项维修资金专户。

开立住宅专项维修资金专户，应当以物业管理区域为单位设账，按房屋户门号设分户账；未划定物业管理区域的，以幢为单位设账，按房屋户门号设分户账。

（2）业主大会成立前，已售公有住房住宅专项维修资金，由物业所在地直辖市、市、县人民政府财政部门或者建设（房地产）主管部门负责管理。管理部门应当委托所在地一家商业银行，作为本行政区域内公有住房住宅专项维修资金的专户管理银行，并在该行开立公有住房住宅专项维修资金专户。

开立公有住房住宅专项维修资金专户，应当按照售房单位设账，按幢设分账；其中，业主交存的住宅专项维修资金，按房屋户门号设分户账。

（3）商品住宅的业主应当在办理房屋入住手续前，将首期住宅专项维修资金存入住宅专项维修资金专户。

已售公有住房的业主应当在办理房屋入住手续前，将首期住宅专项维修资金存入公有住房住宅专项维修资金专户或者交由售房单位存入公有住房住宅专项维修资金专户。

公有住房售房单位应当在收到售房款之日起 30 日内，将提取的住宅专项维修资金存入公有住房住宅专项维修资金专户。

（4）未按《住宅专项维修资金管理办法》规定交存首期住宅专项维修资金的，开发建设单位或者公有住房售房单位不得将房屋交付购买人。

（5）专户管理银行、代收住宅专项维修资金的售房单位应当出具由财政部或者省、自治区、直辖市人民政府财政部门统一监制的住宅专项维修资金专用票据。

（6）业主大会成立后，业主大会应委托所在地一家商业银行作为本物业管理区域内住宅专项维修资金的专户管理银行，并在该行开立住宅专项维修资金专户，以物业管理区域为单位设账，按房屋户门号设分户账。

业主委员会应当通知所在地直辖市、市、县人民政府建设（房地产）主管部门；涉及已售公有住房的，应当通知负责管理公有住房住宅专项维修资金的部门。上述部门在收到通知之日起30日内，通知专户管理银行将该物业管理区域内业主交存的住宅专项维修资金账面余额划转至业主大会开立的住宅专项维修资金账户，并将有关账目等移交业主委员会。

(7)住宅专项维修资金划转后的账目管理单位，由业主大会决定。业主大会应当建立住宅专项维修资金管理制度。开立的住宅专项维修资金账户，应当接受所在地直辖市、市、县人民政府建设(房地产)主管部门的监督。

案例分析

概述：江苏某房地产公司开发建设的物业于1999年9月建成并交付使用，小区总投资为9 820 000元。依照有关规定，按投资比例的2%计算，开发商应于预售房屋前将归业主所有的专项维修基金196 400元交到苏州市房管局开立的银行专户代管。该房地产公司于2005年8月撤出该小区，小区业主委员会成立后，因实施维修需使用维修基金，但业主委员会得知房地产公司未交纳上述款项。双方多次交涉无果，业主委员会便将房地产公司诉至法院。

分析：住宅专项维修资金是由业主交存的，所有权属于业主，专项用于住宅共用部位、共用设施设备保修期满后的维修和更新、改造。根据《住宅专项维修资金管理办法》第十条和第十五条的规定，业主大会成立前，商品住宅业主、非住宅业主交存的住宅专项维修资金，由物业所在地直辖市、市、县人民政府建设(房地产)主管部门代管。业主大会成立后，业主大会应当委托所在地一家商业银行作为住宅专项维修资金的专户管理银行，并在专户管理银行开立住宅专项维修资金专户，同时业主委员会应当通知所在地直辖市、市、县人民政府建设(房地产)主管部门。相关主管部门应当在收到通知之日起30日内，通知专户管理银行将住宅专项维修资金账面余额划转至业主大会开立的住宅专项维修资金账户，并将有关账目等移交给业主委员会。

本案中，房地产开发公司应于预售房屋前将为业主所有的"住宅共用部位、共用设施设备的维修基金(又称专项维修资金)"196 400元划拨至苏州市房管局开立的银行专户代管，然而开发商一直没有将此笔款项交至代管机关的专门账户。业主大会成立后，此笔款项更应划转至业主大会开立的住宅专项维修资金账户，并将有关账目等移交给业主委员会。但是由于开发商一直欠缴，苏州市房管局无法划转。据此，法院判决开发商向业主委员会支付拖欠的小区住宅专项维修基金196 400元及利息。

4.不得从住宅专项维修资金中列支的情况

(1)依法应当由建设单位或者施工单位承担的住宅共用部位、共用设施设备维修、更新和改造费用；

(2)依法应当由相关单位承担的供水、供电、供气、供热、通信、有线电视等管线和设施设备的维修、养护费用；

(3)应当由当事人承担的因人为损坏住宅共用部位、共用设施设备所需的修复费用；

(4)根据物业服务合同约定，应当由物业服务企业承担的住宅共用部位、共用设施设备的维修和养护费用。

5.专项维修资金的投资规定

《住宅专项维修资金管理办法》第二十六条规定：在保证住宅专项维修资金正常使用的前提下，可以按照国家有关规定将住宅专项维修资金用于购买国债。但需要做到以下几点：

(1)利用住宅专项维修资金购买国债，应当在银行间债券市场或者商业银行柜台市场购买一级市场新发行的国债，并持有到期。

(2)利用业主交存的住宅专项维修资金购买国债的，应当经业主大会同意；未成立业主大会的，应当经专有部分占建筑物总面积2/3以上的业主且占总人数2/3以上的业主同意。如图5—5所示。

图5—5　使用维修资金有条件

(3)利用从公有住房售房款中提取的住宅专项维修资金购买国债的，应当根据售房单位的财政隶属关系，报经同级财政部门同意。

(4)禁止利用住宅专项维修资金从事国债回购、委托理财业务或者将购买的国债用于质押、抵押等担保行为。

三、对挪用专项维修资金的处罚

《条例》第六十一条规定："违反本条例的规定，挪用专项维修资金的，由县级以上地方人民政府房地产行政主管部门追回挪用的专项维修资金，给予警告，没收违法所得，可以并处挪用数额2倍以下的罚款；物业服务企业挪用专项维修资金，情节严重的，并由颁发资质证书的部门吊销资质证书；构成犯罪的，依法追究直接负责的主管人员和其他直接责任人员的刑事责任。"

根据主体的不同来划分，挪用专项维修资金有两种情况：一种是物业服务企业挪用，这是挪用行为的主要主体；另一种是个别业主挪用，这也是实践中可能出现的一种挪用主体。

发生挪用行为以后的具体处罚措施包括警告、没收违法所得、罚款、吊销资质证书。

直辖市、市、县人民政府建设(房地产)主管部门挪用住宅专项维修资金的，由上一级人民政府建设(房地产)主管部门追回挪用的住宅专项维修资金，对直接负责的主管人员和其他直接责任人员依法给予处分；构成犯罪的，依法追究刑事责任。

直辖市、市、县人民政府财政部门挪用住宅专项维修资金的，由上一级人民政府财政部门追回挪用的住宅专项维修资金，对直接负责的主管人员和其他直接责任人员依法给予处分；构成犯罪的，依法追究刑事责任。

案例分析

概述：张先生购买了一套二手房，入住之后发现房屋的外墙面部分渗水，从而引起房屋内墙壁变潮、发霉，而且在自己所住的单元楼存在很多这种现象。由于该小区的房屋已经过了保修期，张先生等部分业主便向业主委员会和业主大会提出使用维修资金进行彻底维修的请求。

分析：张先生的房屋所在住宅楼的外墙面属于住宅共用部位，过了保修期后可以使用专项维修资金进行维修。公共设施被损坏找不到责任人时，一般情况下按受益人原则分摊。

特别提示

1. 注意事项：要结合《物权法》第七十九条、《住宅专项维修资金管理办法》加深对专项维修资金、住宅共用部位的理解；熟悉专项维修资金使用、监管和责任的相关条文和规定。

2. 考证考点：《条例》第五十三条、第六十一条。

拓展提高

熟悉《物权法》第七十九条，《住宅专项维修资金管理办法》第十六至二十条、第二十五至二十八条、第三十七至四十条，《刑法》第二百七十二条的有关内容。

思考练习

一、填空题

1. 专项维修资金属于________所有，专项用于物业保修期满后物业共用部位、共用设施设备的维修和更新、改造，不得挪作他用。
2. 挪用专项维修资金的，由________以上地方人民政府房地产行政主管部门追回挪用的专项维修资金。
3. 挪用专项维修资金，构成犯罪的，依法追究直接负责的主管人员和其他直接责任人员的________责任。
4. 住宅专项维修资金划转后的账目管理单位，由________决定。
5. 住宅专项维修资金应当专项用于住宅共用部位、共用设施设备________的维修和更新、改造，不得挪作他用。

二、选择题

1. 挪用专项维修资金的，由县级以上地方人民政府房地产行政主管部门追回挪用的专项维修资金，给予警告，没收违法所得，可以并处挪用数额(　　)以下的罚款。

   A. 1 倍　　B. 2 倍　　C. 3 倍

2. 依法应当由建设单位或者施工单位承担的住宅共用部位、共用设施设备维修、更新和改造的费用，(　　)从住宅专项维修资金中列支。

A. 不得　　B. 可以　　C. 与业主委员会商量后决定

3. 不属于住宅专项维修资金使用原则的是(　　)。

A. 方便快捷　　B. 公开透明　　C. 由物业公司负责掌管运营

4. 利用业主交存的住宅专项维修资金购买国债的，应当经业主大会同意；未成立业主大会的，应当经专有部分占建筑物总面积(　　)以上的业主且占总人数(　　)以上业主同意。

A. 1/3　2/3　　B. 2/3　2/3　　C. 2/3　1/3

5. 转让房屋所有权时，业主应当向受让人说明住宅专项维修资金的交存和结余情况并出具有效证明，该房屋分户账中结余的住宅专项维修资金随房屋所有权(　　)过户。

A. 提前　　B. 同时　　C. 滞后

三、简答题

挪用专项维修资金应承担哪些责任？

学习任务4　共用物业经营允可及收益处置

任务概述

明确物业共用部位、共用设施设备所指的对象，了解对其经营的前提和条件以及如何处置经营性收益，这些是从业者务必了解的基本内容。该部分内容实用性极强，往往牵扯广大业主的整体利益，管理不好容易产生纠纷，影响物业各法律关系主体之间的和谐。因此，除认真学好必要的法规理论外，现场见习或跟班实习是理解和牢固掌握该内容的最好途径。

任务目标

- 现场认知物业共用部位、共用设施设备所指的对象；系统理解和掌握对其经营应具有的条件
- 明确经营性收益合理使用的办法以及违规使用应承担的法律责任

学习内容

一、物业共用部位、共用设施设备所指的对象以及对其经营的条件

1. 物业共用部位、共用设施设备所指的对象

根据《住宅专项维修资金管理办法》第三条的规定，住宅共用部位一般包括住宅的基

础、承重墙体、柱、梁、楼板、屋顶以及户外的墙面、门厅、楼梯间、走廊通道等；共用设施设备一般包括电梯、天线、照明、消防设施、绿地、道路、路灯、沟渠、池、井、非经营性车场车库、公益性文体设施和共用设施设备使用的房屋等。

2.利用物业共用部位、共用设施设备进行经营的条件

《条例》第五十四条规定："利用物业共用部位、共用设施设备进行经营的，应当在征得相关业主、业主大会、物业服务企业的同意后，按照规定办理相关手续。"这里的"手续"主要是指征得同意后，签订书面合同或办理登记过户手续，比如租赁合同的签订、过户手续等。

原则上，各业主对物业共用部分、共用设施设备可以根据居住的需要，平等利用。但是，如果进行商业经营，则超出了个人有权利用的范围。因此，利用共用部位、共用设施设备进行商业经营的，其利用决策权和收益权归全体业主所有。所谓商业利用，主要是指在楼顶设立发射塔、移动通信的基站，利用外墙发布广告，将共用部位出租，将楼顶、楼道或平台让给相邻业主使用等，只有全体业主有权利用或允许他人利用。但是，商业利用对相关业主的生活可能造成影响，比如妨碍有关住户采光、通风等，所以要征得有关住户的同意。同时，共用部位的商业利用可能影响物业服务企业的管理服务，因此商业利用应当获得相关业主、业主大会、物业服务企业的同意，任何一方都不得擅自决定进行商业经营。

案例分析

概述：某一天，业主王先生发现自家楼梯间的墙壁上安装了广告电视机，从早吵到晚，影响休息，而且电梯间也因粘贴广告弥漫着难闻的焦味。与物业公司交涉多次，都不见其拆除。针对此情形，业主应当如何维权呢？

分析：根据《条例》第五十四条的规定，利用物业共用部位、共用设施设备进行经营的，应当征得相关业主的同意。这里的相关业主是指具体权益受到影响的个别或部分业主，这里的同意是基于业主对共有部分享有共有权。

本案中物业公司在楼梯间的墙壁上安装广告电视机，属于利用物业共用部位、共用设施设备进行经营，应当经相关业主的同意。如果业主不同意，则物业公司不得安装，且此广告经营收入也应当归业主所有，物业公司不得随意支配。所以，本案中业主可以请求法院判其拆除，停止侵害。

二、经营性收益的使用办法和违规使用的法律后果

1.使用办法

《条例》第五十四条规定："业主所得收益应当主要用于补充专项维修资金，也可以按照业主大会的决定使用。"如图5—6所示。

图5—6　收益归属有定论

2.违规使用的法律后果

《条例》第六十四条规定："违反本条例的规定，有下列行为之一的，由县级以上地方人民政府房地产行政主管部

门责令限期改正，给予警告，并按照本条第二款的规定处以罚款；所得收益，用于物业管理区域内物业共用部位、共用设施设备的维修、养护，剩余部分按照业主大会的决定使用：

（一）擅自改变物业管理区域内按照规划建设的公共建筑和共用设施用途的；

（二）擅自占用、挖掘物业管理区域内的道路、场地，损害业主共同利益的；

（三）擅自利用物业共用部位、共用设施设备进行经营的。

个人有前款规定行为之一的，处 1 000 元以上 1 万元以下的罚款；单位有前款规定行为之一的，处 5 万元以上 20 万元以下的罚款。”

案例分析

概述：某一天，家住北京某小区的赵某下班回家时，看到一家广告公司的几个员工正在小区围墙上布置广告牌。经打听得知，原来是小区物业服务企业将小区的围墙外墙面出租给了该广告公司。于是，赵某来到物业服务企业办公室，要求物业服务企业终止与广告公司的出租合同关系。物业服务企业认为自己没有出租小区内的共用部位，没有侵害业主的权利，因而拒绝了赵某的要求。赵某遂向小区业主委员会反映，业主委员会向物业服务企业提出同样的要求后也被以同样的理由拒绝。业主委员会遂将物业服务企业告到法院，要求法院判令物业服务企业停止侵权行为。

分析：本案涉及物业服务企业利用物业共用部位、共用设施设备从事经营的问题。法院经审理认定：物业服务企业未经业主大会同意而擅自利用物业共用部位即围墙进行经营活动，违反了《条例》第五十四条的规定。对于物业服务企业擅自利用物业共用部位、共用设施设备进行经营的行为，应由县级以上地方人民政府房地产行政主管部门责令限期改正，给予警告，并对其处以 5 万元以上 20 万元以下的罚款。同时，物业服务企业擅自经营的行为也侵犯了全体业主的所有权，应根据《民法通则》第一百一十七条第二款的规定，承担侵权的民事责任。

特别提示

考证要点：《条例》第五十四条、第六十四条；《物权法》第七十二条。

拓展提高

1.《物权法》第七十二条。

2.《民法通则》第一百一十七条。

3.《最高人民法院关于审理建筑物区分所有权纠纷案件具体应用法律若干问题的解释》第十四条。

思考练习

一、填空题

1. 利用物业共用部位、共用设施设备进行经营的，业主所得收益应当主要用于补充________，也可以按照________的决定使用。
2. 根据《条例》第六十四条的规定，擅自利用物业共用部位、共用设施设备进行经营的，对于有该类行为的个人，处________的罚款；单位有该类行为的，处________的罚款。
3. 对建筑物专有部分以外的共有部分，________享有权利，承担义务。

二、选择题

1. 下列几项中，物业区域内的共用部位有(　　)。

   A. 住宅的基础、承重墙体　　B. 柱、梁、楼板、屋顶

   C. 户外的墙面、门厅　　D. 楼梯间、走廊通道

2. 利用物业共用部位、共用设施设备进行经营的，应当征得相关(　　)的同意。

   A. 业主　　B. 业主大会

   C. 建设单位　　D. 物业服务企业

3. 责任人不履行维修养护义务的，经业主大会同意，可以由物业服务企业维修养护，费用由(　　)承担。

   A. 责任人　　B. 业主委员会

   C. 建设单位　　D. 物业服务企业

三、简答题

违规使用物业共用部位、共用设施设备，应承担怎样的法律责任？

学习任务5 责任人的维修养护责任

任务概述

身处物业管理岗位，要清楚责任人的维修养护责任。在以后的工作当中，要以《条例》为基础，做到理论与实践相结合。对没有履行维修和养护义务的责任人，应该进行专业解释和耐心劝告，做到晓之以理，动之以情。要明白责任人对自用部位和共用部位的维修养护责任是一样的，同时使用人不能擅自改变房屋结构、构件和使用性质。个别责任人不予配合，可能侵犯全体业主的利益，要做到据理力争，采用召开业主大会会议的办法解决问题。

任务目标

- 掌握《条例》第五十五条的内涵
- 熟悉《城市危险房屋管理规定》第二十四条的内容
- 能够在与业主沟通的过程中，将责任人的维修养护义务讲解出来。遇到个别不予配合的业主，会合理合法地解决问题

学习内容

一、责任人具有维修养护的责任

1. 责任人的含义

责任人主要是指房屋的产权人或者按照合同约定承担相关部位维修责任的单位和个人，还包括由于历史原因等形成的房屋的实际使用者或者维修责任的承担者。《条例》第五十五条把责任人与物业服务企业相并列，强调责任人不履行维修养护义务的，经业主大会同意，可以由物业服务企业维修养护。所以，这里的责任人不包括承担维修养护义务的物业服务企业本身。

2. 责任人的维修养护责任

《条例》第五十五条第一款规定："物业存在安全隐患，危及公共利益及他人合法权益时，责任人应当及时维修养护，有关业主应当给予配合。"由此不难看出，该条款所设定的责任前提是"物业存在安全隐患，危及公共利益及他人合法权益。"另外，物业往往具有结构整体性、系统性的特点，对物业某一部位、设施的维修养护，往往影响相邻业主甚至整个物业管理区域内相关部位、设施的停用、占用等。此时不仅要求责任人应当及时尽到维修养护义务，而且有关业主必须给予配合。如图5－7所示。

图 5－7　业主要配合维修物业

案例分析

概述：2008 年 9 月的一天，小华在父母的陪伴下来到某高层住宅的家教家里补习功课。不料结束后他们被大雨阻挡，只好又返回楼内。三人乘电梯到达 28 层后，由于电梯门关闭快，只有小华跑出了电梯，而小华的父母未来得及反应电梯门便已关闭下行。待他们重新乘电梯返回 28 楼时，已经找不到小华的踪迹。此时小华已经从 28 楼的消防窗跌下，躺在了血泊中。小华的父母以为这栋高楼提供物业管理服务的物业公司对该物业安全隐患未尽到管理责任为由提起诉讼，请求法院判令物业公司依据其过

错程度承担相应的赔偿责任。

分析：对于存在安全隐患的物业，相关责任人应当及时维修养护。如物业管理区域内的消防窗等设施存在安全隐患时，物业服务企业应当采取必要的防护措施，否则视为未尽到应尽的维修养护义务。

本案中，该物业楼梯间的所有消防窗是常年开着的，而且没有任何防护措施。同时，窗台与地面之间的距离为 0.69 米，低于国家标准的 0.8 米。显然，存在安全隐患。作为专业的物业公司，既没有设置警示性标志，也未采取任何防护性措施，存在一定的过错，是导致小华从该楼 28 层消防窗处坠楼的主要原因。人民法院一审判决：物业公司承担 60%的赔偿责任，赔偿死亡赔偿金、丧葬费和精神抚慰金共计 15.876 万元。二审法院维持原判。

3.责任人不履行义务的补救措施

《条例》第五十五条第二款规定："责任人不履行维修养护义务的，经业主大会同意，可以由物业服务企业维修养护，费用由责任人承担。"该条款主要考虑到相关责任人无法或者不愿履行维修养护义务，但物业却存在安全隐患，已经危及公共利益及他人合法权益的特殊情形发生时，所设计的补救措施。此时，物业服务企业可以代为履行维修养护义务，但是需要经过业主大会同意，且补救措施实施完成后，所产生的费用由相关责任人承担。

不仅如此，《城市危险房屋管理规定》也作出如下规定：

①房屋所有人对经鉴定的危险房屋，必须按照鉴定机构的处理建议，及时加固或者修缮治理；如房屋所有人拒不按照处理建议修缮治理，或使用人有阻碍行为的，房地产行政主管部门有权指定有关部门代修，或采取其他强制措施。发生的费用由责任人承担。

②治理私有危险房屋，房屋所有人确有经济困难无力治理时，其所在单位可给予借贷；如系出租房屋，可以和承租人合资治理，承租人付出的修缮费用可以折抵租金或由出租人分期偿还。

③异产毗连危险房屋的各所有人，应按照国家对异产毗连房屋的有关规定，共同履行治理责任。拒不承担责任的，由房屋所在地房地产行政主管部门调解；当事人不服的，可向当地人民法院起诉。

另外，国家对公有住房售后维修养护管理工作也作了以下规定：

①在公有住房出售后、业主委员会成立前，住宅的维修养护管理由售房单位或售房单位委托的管理单位承担；业主委员会成立后，住宅的管理，由业主委员会选聘的物业服务企业，按照双方签订的物业服务合同进行管理。

②公有住房出售时，要严格界定住宅的自用部位和自用设备及共用部位和共用设施设备的维修养护责任。住宅自用部位和自用设备的维修养护责任，由住宅所有人承担，住宅所有人可以自行维修养护，也可以委托物业服务企业维修养护。

③住宅共用部位和共用设施设备的维修养护，由当地人民政府制定具体办法。要建立公房售后住宅共用部位和共同设施设备的维修养护专项基金，该基金的来源：一方面由售房单位按照一定比例从售房款中提取，原则上多层住宅不低于售房款的 20%，高层住宅不低于售房款的 30%；另一方面由业主一次性或分次筹集。维修养护基金应当专户存入银行，专项用于住宅共用部位和共用设施设备的维修养护，不得挪作他用。维修养护专

项基金不够使用时，经业主委员会研究决定，向业主筹集。

案例分析

概述：小李家正在进行装修，但厨房窗户没有安装牢固，同时准备将一面混凝土承重墙砸掉做个壁橱，运载装修材料过程中还发现电梯出现故障。物业公司打电话和小李协商解决三个问题：①请小李尽快固定窗户；②劝说小李不要将混凝土承重墙砸掉；③请小李尽快交纳均摊的电梯维修费用。

对于这三个问题，小李给出了以下回复：①厨房窗户尽快维修；②自己没弄明白为什么不能将混凝土承重墙砸掉做壁橱，想让物业公司给出更加详细、专业的解释；③自己家住6层，平时又爱锻炼，从来没有用过电梯，电梯坏了是使用者的责任，应该由平时使用电梯的用户出资进行维修，拒绝交纳均摊的电梯维修费用。

分析：《条例》第五十五条规定：物业存在安全隐患，危及公共利益及他人合法权益时，责任人应当及时维修养护，有关业主应当给予配合。本案中，窗户属于个人区域，应由小李个人维修；承重墙、电梯属于公共区域，该区域内的全体业主都有义务维护并及时交纳维护费用。

特别提示

1. 释疑：要明白责任人对自用部位和共用部位的维修养护义务是一样的。

2. 工作技巧：对业主进行维修养护义务的讲解和介绍要详细明确；对于暂时不理解规定的业主，要晓之以理、动之以情，有理有据地说明问题；对于个别固执己见的业主，要交由业主委员会或业主大会给予协助解决。

3. 考证要点：《条例》第五十五条和《城市危险房屋管理规定》第二十四条。

拓展提高

1.《城市危险房屋管理规定》第九条、第十六条至第二十六条。

2.《建设部关于加强公有住房售后维修养护管理工作的通知》第四条至第八条。

思考练习

一、填空题

1. 物业存在安全隐患，危及公共利益及他人合法权益时，________应当及时维修养护，有关业主应当给予配合。

2. 市、县人民政府房地产行政主管部门要加强监督检查，并在________统一领导下，做好抢险救灾工作。

3. 如房屋所有人拒不按照处理建议修缮治理，或使用人有阻碍行为的，房地产行政主管部门有权指定有关部门代修，或采取其他强制措施。发生的费用由________承担。

4. ________由相关房地产产权人选举的代表组成，代表和维护房地产产权人和使用人的合法权益。

二、选择题

1. 责任人不履行维修养护义务的，经业主大会同意，可以由物业服务企业维修养护，费用由（　　）承担。

A. 业主大会　　B. 物业服务企业　　C. 责任人

2. 对被鉴定为危险房屋的，适用于已无修缮价值，暂时不便拆除，又不危及相邻建筑和影响他人安全的房屋，可采用的处理方式为（　　）。

A. 处理使用　　B. 停止使用　　C. 整体拆除

3. 因下列哪种原因造成事故，房屋所有人应承担民事或行政责任（　　）。

A. 有险不查或损坏不修

B. 使用人擅自改变房屋结构、构件、设备或使用性质

C. 使用人阻碍房屋所有人对危险房屋采取解危措施

4. 业主委员会成立后，住宅的管理，由业主委员会选聘的（　　），按照双方签订的合同进行管理。

A. 业主代表　　B. 物业服务企业　　C. 开发商代表

三、简答题

责任人对物业维修养护的责任《条例》是如何规定的？

单元要点归纳

本单元的任务主要围绕物业的使用和维护展开。在学习和熟练掌握本章相关条例的同时，要明确小区的共用部分包括哪些，其处分权归谁所有，以及住宅专项维修资金的定义等问题。在此基础上，掌握《条例》规定的业主、物业服务企业关于物业使用和维护的权利、义务和违反相关条例的法律责任。

本单元内容均是在日常工作中常常遇到的问题，要处理好这些实际问题，除了学习好本章的《条例》内容外，还要广泛地拓展学习与之相关的其他知识，深入理解《条例》在实施应用过程中需要注意的问题，这是合理解决物业服务实践问题的基础和依据。